올리비아의 비만장애 탈출기

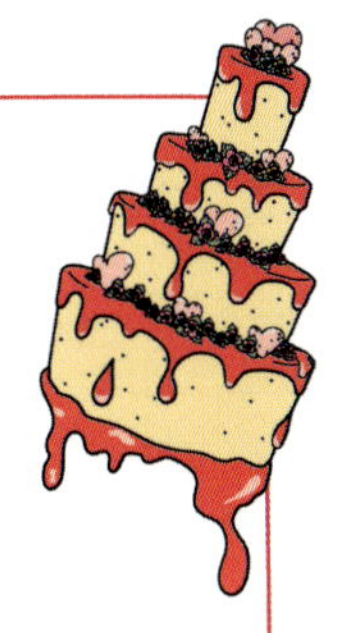

DODUE
ou comment j'ai vaincu la dictature de la minceur

올리비아의 비만장애 탈출기

올리비아 아지몽·크리스토프 앙드레 지음

유진원 옮김 | 김양현 해설

차례

한국에 계신 독자 여러분께…

오해하지 마세요. 전 의사가 아니에요.

전 어릴 적부터 친구와 가족 들한테서 뚱뚱하다고 늘 놀림받으며 자랐죠. 그래서 스트레스와 콤플렉스가 몹시 심한 유년기와 청소년기를 보냈습니다. 이십 대 후반, 흉한 몸매에 신경이 쓰여 드디어 다이어트를 시작했지만, 체중 감량에 지나치게 집착하다가, 결국 거식증을 앓게 되어 격심한 괴로움을 겪기도 했습니다. 전문의 상담도 받고, 정신과 의사의 도움도 받아, 지금은 정신적으로도 육체적으로도 평온을 찾아가는 중입니다. 전 이제 있는 그대로의 제 모습을 받아들이기로 했고, 더는 '표준'에 맞춰 '정상'이 되겠다고 무리하게 살을 빼지 않기로 했습니다. 그리고 제 경험을 만화로 그려, 여러분과 함께 비만이나 육체와 관련된 문제에 대해 생각해보고 자기 모습을 있는 그대로 받아들인다는 것이 우리 삶에서 어떤 의미가 있는지를 살펴보기로 했습니다.

자, 이제부터 제 이야기를 시작해볼까요?

2014. 12. 25.
프랑스 파리에서
올리비아 아지몽

"살이 찔수록 더 까다로워지고, 까다로워질수록 더 서글퍼집니다.
절망 때문에 보기 흉해집니다."

- 클로드 프리조니

가족, 친구, 세상 사람들

내 이름은 올리비아 아지몽. 스물아홉 살이다.
난 거식증을 앓고 있다.
내 몸이 끔찍하게 싫어…
사람들 앞에 나서기도 싫고. 놀림감이 되기도 싫어!
아, 어쩌다 내가 이 꼴이 되었을까?

자, 이제 말씀해보세요.
본인은 왜 이렇게 됐다고
생각하시나요?
왜 이렇게 됐느냐고?
흠… 좋은 질문이다.
아무리 생각해봐도
난 태어날 때부터
이랬던 것 같다.
한 번도 나 자신을
다른 모습으로
생각해본 적이 없다.

올리비아
상세
응애!

난 어렸을 때부터
정상이 아니었다.
내가 태어날 때
체중이 5.2kg이나
나가서, 어머니는
회음부를 절개해서
날 낳으셨다고 한다.

*'바구니가 너무 좁아!'

매년 내 생일에 엄마는
똑 같은 말을 반복했다.

네가 내 밑을
다 찢어놓고
태어난 지
벌써 6년이
지났구나…

처음에 의사는
힘을 주라고 했지.
그런데… 네가
어찌나 뚱뚱한지
내 밑이 갈기갈기
찢어졌지 뭐냐!

네가 벌써 다 자라서
결혼한다니, 믿기지 않아.
벌써 26년이 지났다고?
네가 태어날 때 얼마나
몸집이 컸는지, 내 밑이
다 찢어졌단다…

제발!

나는 뚱뚱했다. 뚱뚱한 친구는
착시효과를 일으킨다. 치약이
잇몸을 더 붉어 보이게 하듯이
뚱뚱한 친구 옆에 있으면
더 날씬하고 예뻐 보인다.

생일파티, 수학여행,
쇼핑... 모든 이벤트가
내 체중에 초점이
맞춰져 있었다.

네 생일이지만,
케이크는 안 돼!
살이 더 찌면
어떡할 거야?

우하하하!!!
딸아이 다이어트
식단을 절대로
잊으면 안 돼요!!

성인이 되어서도 마찬가지였다!
이제 불 끌까?
알았어. 그런데 네 옆구리 살에 낀 내 엄지손가락 좀 빼줄래?
행복했어야 할 첫 경험…
여자 친구들끼리 처음 떠났던 여름휴가…
올리비아, 어서 이리 와! 네가 자꾸 몸을 감추면 사람들은 너를 더 뚱뚱한 모습으로 상상한단 말야!

체중이 '표준'을 넘은 통통한 여자, 과체중의 뚱뚱한 여자들을 정말로 괴롭게 하는 사람들은 남자들이 아니라 바로 '다른 여자들'이다.

하지만 그것은 새빨간 거짓말이다!

그들은 비만한 여자가 자신과 다른 존재라는 사실을 언제나 괴로울 정도로 분명하게 상기시켜 준다.

젠장, 그사이에 살이 너무 쪘어.
55사이즈가 맞아!
넌 어때, 올리비아?
난 허리가 없다.
허리
36

설령 여자들이 입을 다문다고 해도,
유행은 늘 내가 그들과 다른 세상에서
살고 있다는 걸 일깨워준다.

옷 때문에 너무
상류층 여자처럼
보이는 것 같아.

모드
보이시 룩

Chamelle

이런 여자를
보고 자살충동이
생길 때에는
그저 먹는 것으로
마음을 달래는
수밖에 없다.

자연에 도전하다!
그녀는 아름답다!

삶에 바치는 오마주!
최상의 패션쇼!

여성을 아는 잡지
SHE

난 55사이즈를 입죠.
그래요, 난 통통해요,
그게 어때서요?

통통한
여성들을
위한 특별호!

55사이즈의
통통녀들을 위한
신상 소개 특집!

25,00 €

아니면 쇼핑으로 대리만족 하든가.
큰 치수 옷은 어디 있죠?
저쪽 구석 비상구 옆에 있답니다!

상처받을 일은 아니지만 기분이 끔찍해.

뚱뚱하다고 이런 식으로 차별해도 되는 건가? 너무하는군.

MRI나 CT 스캔이 필요한 뚱보들 중에는 수의사한테 가야 할 사람들도 있어. 그런 사람들은 인간이라고 부르기에는 우리랑 달라도 너무 달라. 비만은 건강에 치명적이지만, 그런 사람들은 그대로 그냥 살아간다니까.

부인, 허리
스캔하러
들어오세요!
건강한 개는
크로켓 사료를
먹습니다
멍멍!
멍멍!
야옹
이런 일로 받게 되는
정신적 충격의 파장은
이루 말할 수 없다.

때로 나는 서커스의 괴물 구경거리가 된 기분마저 든다.
턱수염 난 여자를 구경하세요!
세 상 에 서
가 장
뚱뚱한 여자

남들이 이해해주기를
바라는 건 어리석다.
내가 스스로 달라져야
한다는 걸 깨달았다.
적어도 '보통 사람'의
부류에 속해야 하고,
'평범하다'는 말을
들을 수 있을 정도로
날씬해져야 한다.

2012년 1위
몸매관리 부문
베스트셀러

내가 최근에 개발한
다이어트 비법을 따르면
곧 비만에서 해방됩니다.
비싸지도 않아요. 한 달에
150유로면 거의 공짜죠!

무조건 날 믿고
따르면 돼요.

기적의
다이어트

보름 만에
15kg 빼고
몸짱 되기

다이어트 클리닉에서 나오자 마자, 나는 친구에게 전화해 함께 상의하면서 다이어트 프로그램을 조목조목 따져봤다. 난 호갱이 아니다!!
뭐라고? 150유로? 어쨌든 너 그거 하지 마!
안 할 거야! 내가 미쳤니?

너 자신을 있는 그대로 받아들여. 넌 예뻐!

난 예쁘지 않아! 90kg이나 나가는 괴물일 뿐이야! 할 수만 있다면 내 몸에서 지방을 깨끗히 제거하고 싶어. 흑흑흑...

넌 170cm 큰 키에 체중은 45kg이잖아. 그런 네가 내 기분을 대체 어떻게 알겠어?

네 말이 맞지만...

말랐다고 예쁜 건 절대 아니거든!

나는 집으로 돌아와서
마음을 비우고 냉정하게
지난 일을 생각해봤다.
나는 뚱뚱한 나 자신이
그토록 싫으면서도, 정작
살을 빼려고 노력한 적은
없었던 것이 사실이었다.

나는 현재 내 모습과
살이 빠진 내 모습을
상상해봤다. 그러자,
흐뭇한 미소가 떠오르고
흡족한 기분이 들었다.
정말 그렇게 될 수만
있다면 얼마나 좋을까!

모두가 날
좋아할거야!
더 많은 친구,
날 사랑하는
남자들이
생기겠지?
그리고 난
예쁜 여자가
될 거야!

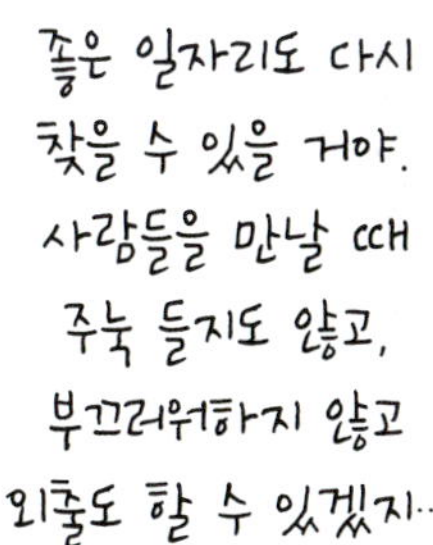

좋은 일자리도 다시
찾을 수 있을 거야.
사람들을 만날 때
주눅 들지도 않고,
부끄러워하지 않고
외출도 할 수 있겠지…

정말 매력적이시군요!
이 일자리는 당연히
아지몽 씨 것입니다!
함께 일하게 된 걸
영광으로 생각합니다.

오! 예뻐! 마침내 예뻐졌어!
드디어 흉한 모습에서 벗어났어!

드디어 나 자신을
기쁘게 받아들이고,
내 모습이 비친 거울을
깨버리고 싶은 마음도
더는 들지 않을 거야.
전에는 꿈꾸지 못했던
새로운 인생이 드디어
시작됐어, 올리비아!

결심했어. 다이어트를 시작할래!

제 2 장

몸매의 역사

자, 처음부터
시작해볼까요?

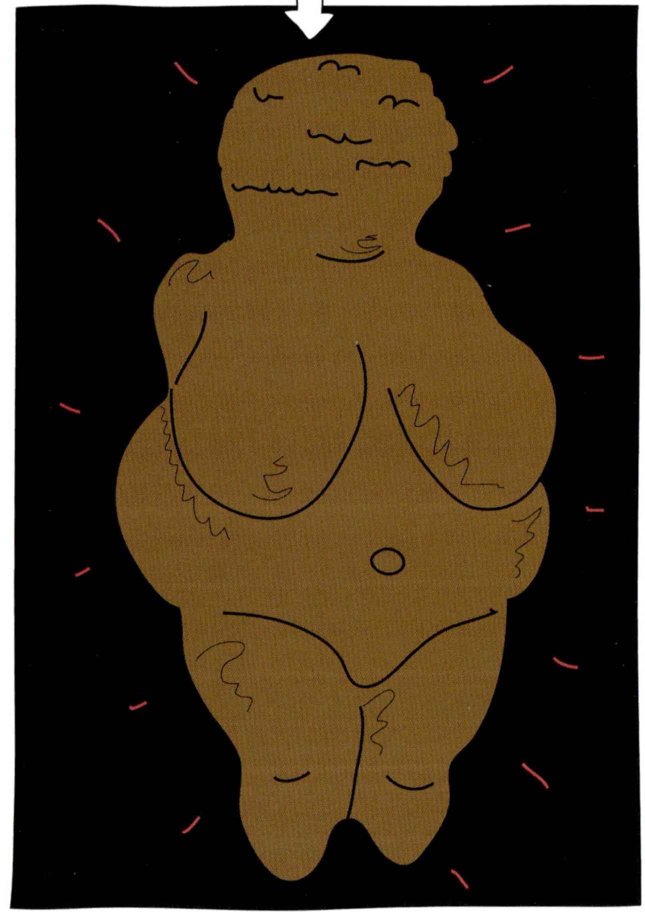

선사시대로 거슬러 올라가면
다산과 종의 영속을 기원하는
뚱뚱하고 풍만한 여신상을
만나게 된다.

일러두기

이해를 돕기 위해
당시 원시인들의 대화를
현대어로 옮겨 적었다.

여자가 필요해!

뻐배는 어때?

뻐배는 너무 말랐어.
난 둥둥처럼 몸집이
큰 여자가 좋다고!

맞아! 둥둥은 뱃살도
아름답게 늘어진
전형적인 미인이지!

둥둥을 얻으려면 여신께
제물을 바쳐야 할 거야.

너구리
한 마리면
괜찮을까?

어서 불이나 피워. 추워 죽겠어!
난 둥둥을 원해!
푹 빠졌군!

고대 그리스 사람들은 뚱뚱한 남자는 부유하고 뚱뚱한 여자는 아름답다고 생각했죠.
자, 시대를 건너뛰어 고대에는 어떤 일이 벌어졌는지 살펴보자.
겉모습만 봐도 내가 부자란 걸 알겠지?
그렇게 좋아할 것 없어, 뚱뚜니우스. 당시에도 비만은 나태의 결과라고 봤으니까…
두툼한 살집
똥배
밀로의 비너스가 말해주듯이 당시 사람들은 오늘날과 달리 몸이 풍만한 여성을 선호했다. 만약 2015년 미스 유니버스가 타임머신을 타고 그리스 시대로 간다면, 남성들이 거들떠보지도 않을 것이다. 아! 옛날이여!

이런 현상은 당시 사람들도
그들 나름대로 다이어트에
관심이 있었음을 말해준다.
심지어 히포크라테스조차도
다이어트에 관해 이런저런
견해를 밝혔다고 전해진다.

자, 그렇다면 중세시대에는 어땠을까?

확실히 짚고 넘어가자. 귀족으로 태어났다면 식사 때마다 진수성찬을 받았을 것이다…

이 셀프서비스 식당 멋진데!

맞아!

하지만 만약 하급 상민으로 태어났다면 디톡스 식단 같은 비참한 음식을 먹었을 것이다.

우와! 신난다! 잘 먹겠습니다!

이미 이 시대부터 날씬한 몸매는 여성에게 중요한 과제가 되었다. 날씬함은 여성성, 아름다움을 뜻했고 날씬하지 않으면 인생이 고달팠다.

얘, 배를 그렇게 조여도 괜찮겠어?

괜찮아요…

베르트! 당신은 너무 뚱뚱해. 왕비가 될 자격이 없어!

1092년, 프랑스의 왕 필립 1세는 뚱뚱한 왕비 베르트를 내쫓고, 날씬한 베르트라드를 새 부인으로 맞았다. 이 사건으로 교황은 그를 파문했지만, 필립 1세는 생각을 바꾸지 않았다.

요약하자면, 이렇다. '뚱뚱한 사람은 게으르고, 식탐이 있고, 못생겼으며, 게다가 질투심도 많다.' 우리는 이런 편견이 중세부터 현재까지 달라지지 않았음을 인정할 수밖에 없다. 육체적 특징이 사회적으로 부정적인 가치로 전환되는 현상은 지금도 여전히 계속되고 있다.

19세기 영국 성직자 토머스 쇼트는 체중을 정상으로 유지하려면 비가 많은 곳을 피하고, 성행위를 자제하고, 변비약을 먹으라고 했다.

그 전에도 황당한 다이어트 비법은 많이 있었다. 예를 들어 18세기 스코틀랜드 출신 생리학자 말콤 플레밍은 다이어트 식품으로 비누를 권했다. 비누가 지방을 분해하고, 이뇨 작용을 한다고 믿었기 때문이다.

단단한 물건을 넣어 고정한 이 속옷은 여성 속박의 상징이 되었고, 20세기 초 여성들이 드디어 이 끔직한 물건에서 해방될 때까지 그들의 삶을 옥죄었다.

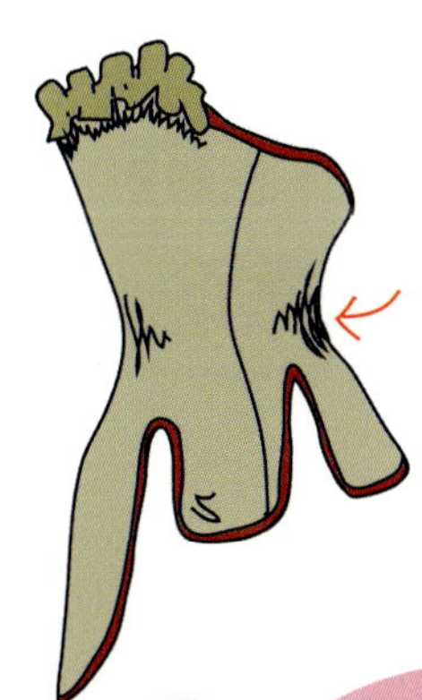

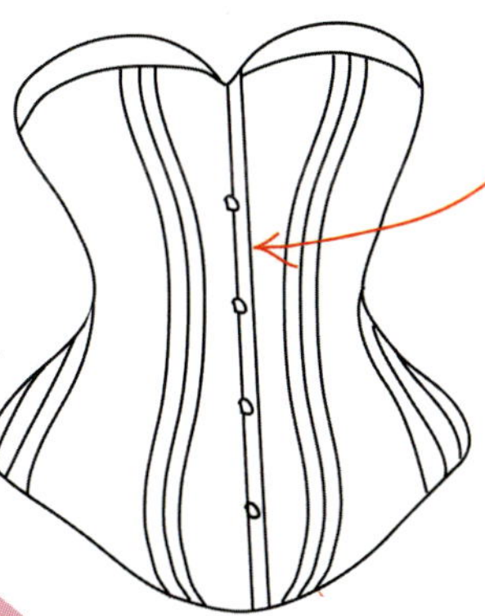

다음주에 출산한다니
정말 잘됐다. 축하해.

3년 전에
임신했지!

그런데
너, 아이
가진 지
오래되지
않았어?

여성들은 16세기부터 시작해서
대략 1차 세계대전 때까지
무려 4백 년간을 코르셋으로
고문당하며 살아온 셈이다.

1800년대부터 여성의 패션은 큰 변화를 겪는다.
파팅게일 치마와 몸을 고문하던 옷들이 사라지고
고대에서 영감을 얻은 고전적 패션이 유행했다.
나폴레옹 1세의 황비 조제핀 드 보아르네가 구현한
여성 이미지는 자유롭고, 자연스럽고, 육감적이었다.

1900년경 자칭 '패션의 왕'
폴 푸아레의 등장으로 패션은
진정한 의미의 예술이 되었다.
그는 코르셋에서 여성의 몸을
해방했고, 여성은 자기 몸을
새롭게 발견하게 되었다.

이리 와서
내 몸을 좀 봐!

내 가슴!
내 배!
내 허리!
내 엉덩이!
어서 와서
좀 보라니까!

수많은 사상자를 낸 1차 세계대전은 서구 사회에 큰 충격을 안겨주었고, 절망은 기존 사회질서에 대한 비판으로 이어졌다. 패션도 여성을 사회적 속박에서 해방하려는 욕구를 반영했으며 여성이 자유롭게 자기 몸을 드러내게 해주는 디자인이 유행했다.

당신, 허리를 너무 졸라맨 그 옷 때문에 이번에도 식사하다가 기절하지는 않겠지?
조심할게요!
신나게 퀵스텝 한번 춰볼까?

몇 년 사이에 유행은 코르셋으로 몸을 바짝 조이던 복식에서 폭이 넓고 편안하게 무릎까지 내려오는 원피스로 옮겨 갔다.

2차 세계대전이 끝나자, 크리스티앙 디오르의 '뉴 룩'이 탄생했다.
이 스타일은 전쟁으로 어려웠던 시절을 끝내고, 과거에 평화롭고
풍요로웠던 시절, '벨 에포크(19세기 말 ~20세기 초)'를 향수하는
패션이었다. 여성은 다시 아름다움을 위해 몸을 희생해야 했다.

새로운 패션은 거들과 코르셋을
다시 등장시켰고, 시대는 여성에게
날씬한 몸매를 요구했다.

개미허리
열풍이 불었던
시대의 체형

그래서 여성은 매일 이런 차림으로
지내게 되었습니다.

가슴을 원뿔
모양으로,
가운데로 모아주는
브래지어

작은 속바지

배를 최대한
집어넣으려고
윗배까지
올라오게
디자인한
거들

거들에
고정하는
스타킹

거들
위에 입는
콤비네이션

그리고 **선탠**이 유행했다.

피부를 갈색으로 그을려 건강미를 자랑하는 선탠이 유행하면서
알게 모르게 많은 변화가 일어났다. 노출이 대세가 되면서
여성들은 이제 옷으로 몸을 가릴 수 없게 되었고, 어떻게든
날씬해져야 했다. 특히 여름에는 몸매가 그대로 드러났다.

그래서 수십 년 전부터 여름철이 다가오면 여성지들은
앞다투어 특별호를 발행하고, 여성들의 호기심을 자극한다.

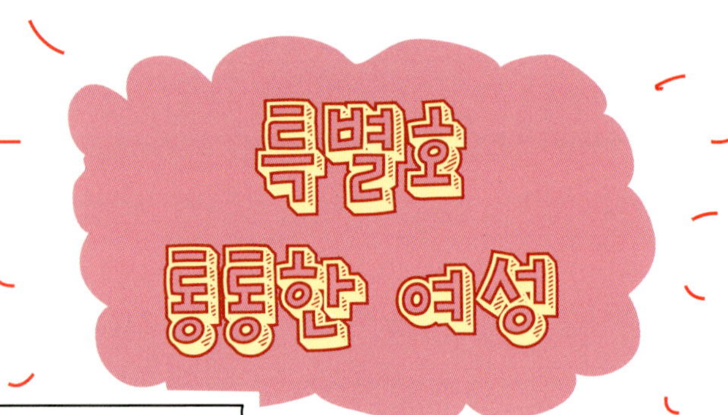

여성지는 55사이즈 모델 사진을
표지에 싣는다(55사이즈가 통통하다고?).

하지만…
이런 잡지를 보면서
내가 뚱뚱하다는 걸 의식하고,
나 자신을 부끄러워해야 할까?
이런 '특별호'가 과연 나와
관련 있고, 내게 필요할까?
나를 왜 그들이 정한 범주에
억지로 넣고 평가해야 할까?

호마다 서로 다른 여자들(마른 여자,
날씬한 여자, 통통한 여자, 뚱뚱한 여자,
키 작은 여자, 키 큰 여자, 백인 여자,
흑인 여자, 금발 여자, 흑발 여자,
수염 난 여자)을 소개하면
되지 않을까?
그럴 때 '특별호'라는 게
왜 필요하지?

표지 모델은 무척 섹시해서
닮고 싶은 욕망을 자극한다.
하지만 그림의 떡일 뿐!

특별
체중 감량
- 비결과 요령 -

① 일어나자마자 뜨거운 물을 한 잔 마셔라.

이것이 시험을 거쳐 효과가 입증된 비결이고, 기자 자신도 실천하는 요령이라고? 푸하…

자신을 있는 그대로 받아들이고, 배고프면 먹던
옛 삶의 방식을 버리면서 체중 문제는 이제 일종의
강박관념이 되었다는 사실을 인정할 수밖에 없다.
TV 광고에서까지 이런 충고가 들린다…

기름진 음식이나
단 음식을 피하세요.

나 배고파.
셀러리 한 줄기
먹을래?
좋지!

날씬한 몸매에 대한 선호가 사회에 얼마나 깊숙이
자리 잡았는지를 보여주는 사례가 있다.
2012년 1월, 한 의사는 교육부에 다음과 같은 제안서를 제출했다.
"대학입학 자격시험에 '정상 체중'이라는 항목을 삽입하고,
고등학교 2~3학년 때 정상 체중을 유지하는 학생들에게
가산점을 주자."고 주장했던 것이다. 여러분은 동의하는가?

이 모든 조처는 매우 교육적일 것이다.

2012년 8월, 그 의사는 이렇게 주장했다.
"모든 것이 정신적 문제입니다. 나는 비만한 사람이
정신적으로 안정된 경우를 본 적이 없습니다."

저 통통한 여자는 행복해
보여요. 정신적으로도
안정된 것 같고요.

그렇지 않아!
몸매는 정신 문제야.
저렇게 살찐 여자가
정신적으로 안정된
경우를 본 적이 없어.

그 의사도 말했잖니!

비만한 사람이 합법적으로 불이익을 당하는 나라도 있다.
일본 기업 중에는 실제로 직원들의 허리 치수를 재고,
기준을 초과하면 급여 등에 불이익을 주는 회사가 있다.

최근에 한 유명인사가 비만한 사람들에 관한
TV 토론회에서 아주 직설적인 발언을 남겼다.
그의 주장에 대해 나는 이렇게 반박한다.

유행하는 옷은 뚱뚱한 여자들보다
날씬한 여자들에게 더 잘 어울린다.

유감스럽게도 나는 이 말에 반대할 수밖에 없다.
유행하는 옷은 모든 사람을 위해 만들어야 한다.
옷은 모든 이의 개성을 고려하고 이상화해야 한다.
뚱뚱한 여자의 개성도 당연히 존중해야 한다.

뚱뚱한 여자가 옷을 잘입기는
현실적으로 너무 어려운 일이다.

나는 이런 말에 동의할 수 없다.
몇몇 영미 브랜드는 같은 디자인으로
44~99사이즈의 옷을 생산하고 있고,
큰 사이즈의 옷들도 성공적인 매출을
기록하고 있다. 문제는 제작자가
큰 사이즈 옷을 만들지 않는 데 있다.
아름다운 옷은 몸집이 큰 여성에게서도
아름답게 보인다. 잘못은 입을 기회를
원천봉쇄한 차별적 현실에 있지,
비만한 여성의 몸매에 있지 않다.

뚱뚱한 여자도 자기 몸에 만족할 수 있다고 하면서
정작 뚱뚱한 여자 자신은 자기 몸을 감춘다.

구태여 이런 말을 하지 않더라도 누구나
자기 몸에 쉽사리 만족할 수 없다는 것은
분명한 사실이다. 나는 '뚱뚱한' 것이 아니라
'통통하다'고 생각하는 편이 더 좋다.
그리고 덜 뚱뚱했던 2010년을 돌아보면
77사이즈였을 때보다 44사이즈였을 때가
확실히 기분이 더 나았다.
어쨌든 난 그랬다. 인터넷에서는
자기 몸을 자랑스러워하고 즐겁게 살아가는
통통하고 뚱뚱한 소녀들을 점점 더 많이
볼 수 있다. 체격이 어떻든 자기 몸에
만족하기는 쉽지 않다. 그래서 날씬해지고
싶어 하는 통통한 여자들과 통통해지고
싶어 하는 날씬한 여자들을 보게 된다.
우리가 그들에게 이해하는 태도를
보이고 더는 외모로 사람들을 판단하지
않는다면, 세상은 더 건강해질 것이다.

이 토론 테이블 주위에 앉아 있는 네 명의 여성이
모두 몸매가 날씬한 걸 보면, 각자 자기 몸에
세심하게 주의를 기울였음을 알 수 있다.

이 탁자 주위에 앉아 있는 우리 네 여자는
모두 몸매가 통통하다. 그리고 우리는 각자…

그렇다, 우리는 각자 마르고, 날씬하고, 통통하고, 뚱뚱하지만,
자기 나름대로, 자기 방식대로 몸 관리에 신경을 쓴다!!

예술 분야에서는 포동포동한 몸매가
찬양의 대상이 되었습니다.

이탈리아 화가 티치아노(1488~1576)가
화폭에 옮긴 여성의 몸은 풍만합니다.
왼쪽은 「물에서 태어난 비너스」,
오른쪽은 「회개하는 마리아 막달레나」입니다.
통통한 몸매가 정말 아름답죠?

플랑드르 화가 루벤스(1577~1640)의 「비너스의 단장」은
어떻습니까? 미의 여신도 통통한 몸매 때문에
콤플렉스를 느꼈을까요? 이 여신은 요즘 여성지를
도배하는 빈약한 몸매의 모델들과는 많이 다르죠.

마침내 내가 제일 좋아하는 화가!
위대한
보테로!!!

그가 그린 그림을
볼 때마다 마치
제가 그 그림의
모델이 된 듯한
기분이 듭니다.
잘 보세요,
닮았죠?
1932년 콜롬비아에서
출생한 페르난도 보테로는
비대한 인물을 자주 그렸다.
그는 전에 이렇게 말했다.
"내 인물들이 뚱뚱하다고?
그렇지 않다. 그들에게는
매우 놀랍고 육감적인
볼륨감이 있을 뿐이다.
현대 화가들이 잊어버린
볼륨감을 다시 찾는다는
생각에 나는 열광한다."

마침내 날씬해졌어!

'뚱뚱'해지기 전에 나는 '통통'했다.

어느 날 저녁,
나는 내 몸 상태에 대해
진지하게 생각해보았고,
다이어트에 꼭 성공하기로
독하게 마음먹었다. 그렇다.
나도 예뻐지고 싶었다!!

다이어트
1단계

"현실 직시하기"

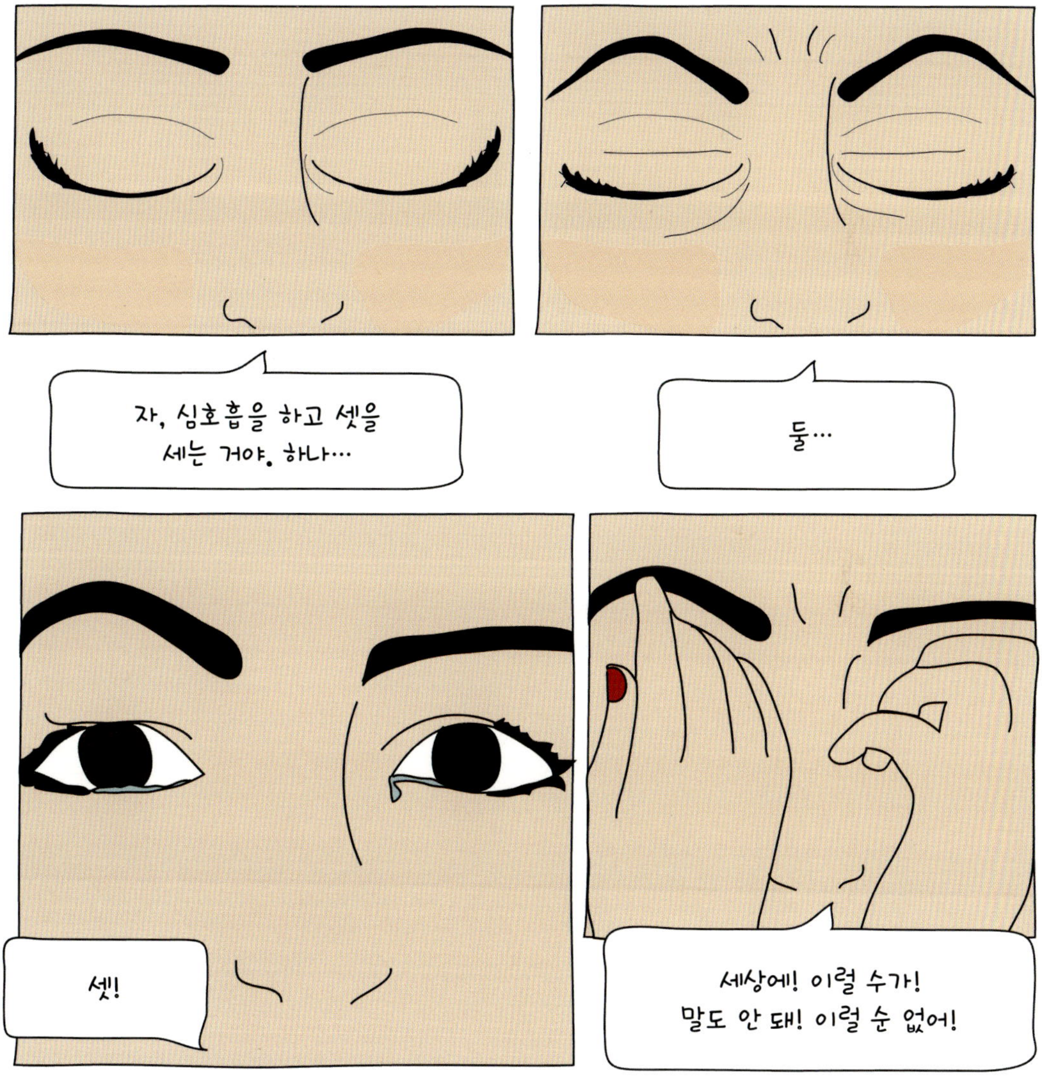

자, 심호흡을 하고 셋을
세는 거야. 하나···

둘···

셋!

세상에! 이럴 수가!
말도 안 돼! 이럴 순 없어!

어쩌다 이렇게까지
뚱뚱해진 거야?

현실 직시하기.
또는 거울에 비친
자기 모습 보기.
이 방법은 자신을
혐오하게 해서
날씬해지겠다고
결심하게 하는
충격 요법이다.
그간 나는 얼마나
나를 싫어했던지,
나의 진짜 모습을
아예 보지 않으려
해왔다는 사실을
뒤늦게 깨달았다.

정말 코끼리 같구나.
내가 봐도 끔찍하다!
추하고, 살도 처졌어.
맞아, 엄마 말이 옳아.
사람들은 내 모습이
보기에 역겨울 거야.
다이어트를 시작해서
어서 날씬해져야 해.
그래, 그러려면 비상수단을 써야지.
이제 설탕은 절대 안 먹어.
술도 끊고 단 과일도
줄이고, 육식도
안 할 거야.
지방 0% 목표!
먼저 세부 계획을
종이에 적어두자.

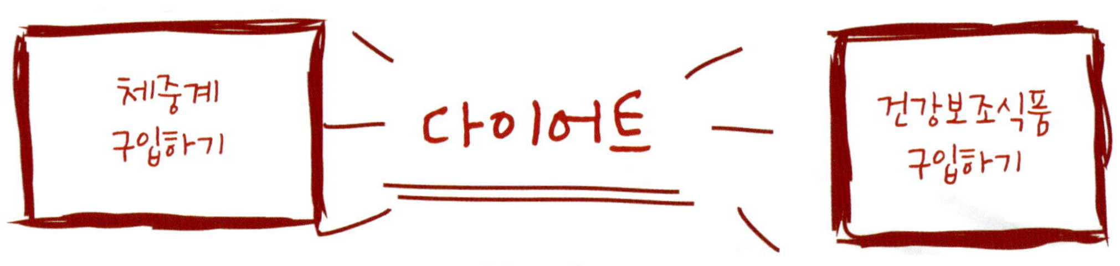

아침: 따뜻한 물 + 플레인 요구르트
점심: 채소 샐러드 + 토마토 + 자몽 + 물
저녁: 채소 + 살코기 햄 + 요구르트

죽기 살기로!

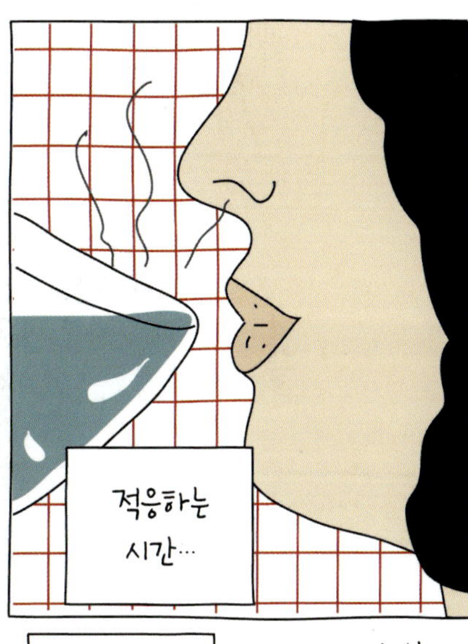

이제 맛있는
샐러드, 토마토
자몽을 먹는다.

오전 10시쯤 되니
무척 배가 고프다.
하지만 잘
참으면 더는
배고픔이
느껴지지
않는다.

냠냠!

저녁이 되면 기진맥진해서 쓰러져버린다.

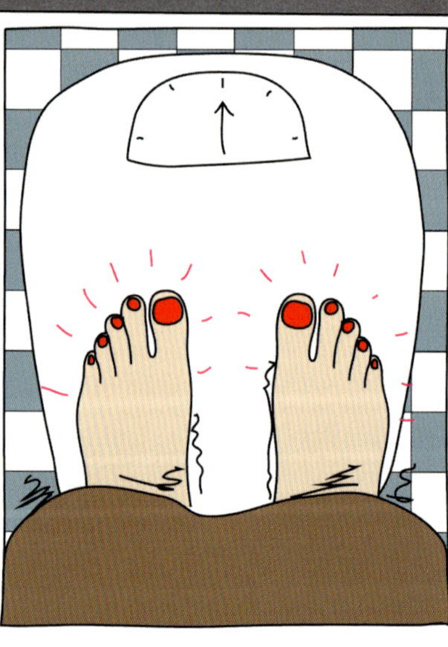

먹고 싶다…

그리고
마침내
일주일
뒤에
체중
측정!!

2kg
감량

야호, 이런 식으로
계속되기만 하면,
더 강도 높은
다이어트를 해도
되겠어!

날씬해지는 데에는
분명히 멋진 무언가가 있다.
그것은 아마도 우리가 아무것도 통제하지 못하는
세상에서 살고 있기 때문에 더욱 그럴 것이다.
그런 세상에서 스스로 자신의 몸을 통제한다는 것이
우리에게 힘을 북돋아주기 때문일 것이다.
그런데 뒤따라 일어난 일탈을 생각해보면
나는 정말 나를 통제했다고 말할 수 있을까?
그동안 내 몸을 학대했던 것을 생각하면,
나는 스스로 자신을 괴롭힌 장본인이 아니었을까?

제 4 장
모든 것이 무너지는 순간에도 나는 왜
다이어트를 중단할 수 없었나?
제 4 장

그렇게 두 달이 지나자 체중이 20kg이나 줄었다.
하지만 몇 가지 불편한 증세가 나타나기 시작했고,
정상적으로 일상생활을 하기가 점점 힘겨워졌다.

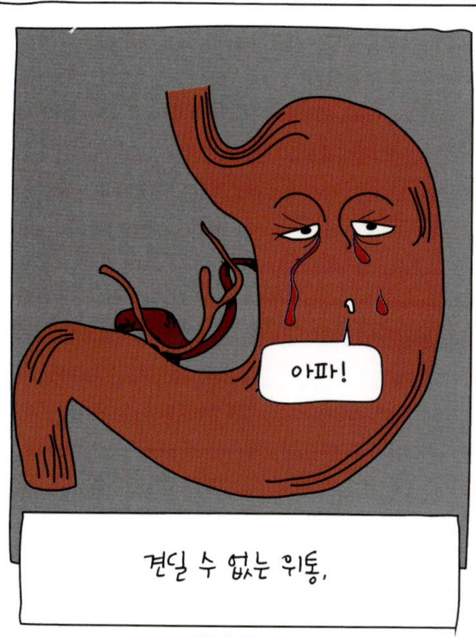

견딜 수 없는 위통,

극도의 피로감,

탈모까지.

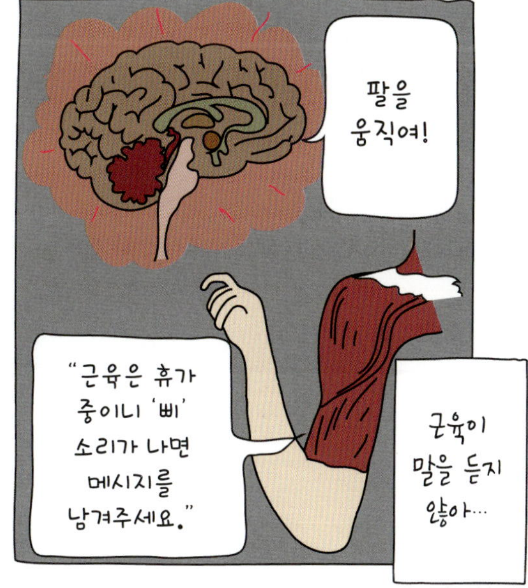

그래서 내가 아주 어렸을 때부터
나를 돌봐주던 주치의를 찾아갔다.
대체 몸에 어떤
해로운 짓을 했는지
내게 말해주겠니?
VIDAL
1990 1991 1992 1993
1996 1997
1999 2000

무슨 말을 해야 할지 모르겠어요.
뼈만 앙상하게 남았잖아.
난 네가 태어난 지 일주일 되었을 때부터 널 알고 지냈어. 넌 항상 통통했지. 네 어머니가 널 낳을 때 얼마나 고생하셨는지도 기억한단다.
저도 그 얘기는 들었어요.
혈액검사 분석 결과가 나왔다. 아주 심각해. 빈혈, 저혈압, 칼슘 부족…
이러다간 큰일 나겠다.
VIDAL
1986 1987 1988 1989
994 1995 1996 1997

흑흑… 죄송해요! 전 그저 예뻐지고 싶었어요.
그리고 엄마한테 사랑받고 싶었죠.
사람들의 기대에 미치지 못하는 게
몹시 괴로웠어요.
뚱뚱하다는 이유로
소외되는 게
너무 슬펐고,
저도 남들처럼
사랑받고 싶었을
뿐이에요.
흑흑…
정말 죄송해요!

올리비아,
나한테
죄송하다고
말할 필요는
없어!
나는 다
이해해.
고마워요.
단지 네가
너 자신에
대해 어떻게
생각하는지를
알고 싶구나.
뚱뚱하고, 찌질하고,
한심하고, 어리석고,
무능하고, 아둔하고,
모자라고, 재미없고,
네 자매 중에서
가장 못생겼고,
내세울 만한 것도
전혀 없는 여자죠.

생각이 너무 많구나.
정신과 의사와 상담 약속을
잡도록 해라. 난 처방 쪽을
맡도록 할게.

그동안 너 자신을
스스로 보살펴라.
열흘 뒤에 보자.

VIDAL

85
1994 1995 1996 1997
1999 2000

어릴 적부터 전 '뚱뚱하다'는 말을
늘 들으면서 자랐죠.
제가 사랑하는 사람들은 물론이고,
낯선 사람들 시선도 견디기 힘겨웠죠.
전 사람들한테 호감을 주고 싶었어요.
그래서 고통받더라도,
모든 걸 참아내야 하더라도,
꼭 성공해야 했어요.
아마 제가 성숙하지 못해서 그런 거겠지만,
살면서 단 한 번이라도
예쁘다는 말을 듣고 싶었고,
다른 예쁜 여자들처럼 되고 싶었죠.
제가 형편없지 않다고 스스로 느끼고 싶었던 거죠.

다이어트가 그런 노력에 도움이 됐다고 생각해요?
잘 생각해보면… 그런 것 같진 않아요.
자, 이제 우리가 앞으로 함께 할 일을 설명할게요. 잘 들어요.
사실은 그렇지 않은데, 자신이 엄마를 실망시키고 있다고 믿는 죄책감에서 벗어나도록, 그리고 자신을 지나치게 통제하지 않도록, 제가 도와드릴게요. 자신감을 되찾고, 자신을 사랑할 수 있도록 함께 노력하죠. 누구나 사랑이 필요하고, 자신이 존중받고 있다는 걸 확인할 필요가 있어요.

정신과 의사를 만나고
돌아오면서, 나는 고통이나
의심 없이 마침내 내가
진정으로 행복을 느끼며
살아가는 새로운 삶을
바라게 되었다. 마음이
날아갈 듯 가벼워졌다.
여성을 아는 잡지
SHE
날씬한 몸매
특별호

내가 이 상태에서 벗어나려면, 노력을 기울어야 하고, 조금씩 나아지고 있다는 것을 인정해야 했다. 그리고 어떻게든 음식을 먹도록 나를 설득해야 했다.
지금이야말로 내 삶의 주인이 될 기회였다.
그래, 엄마다. 네 언니들하고 동생이 집에서 점심을 먹자는데, 너도 왔으면 좋겠다. 너 그동안 많이 날씬해졌다던데, 어떻게 변했는지 보고 싶구나. 어릴 때부터 조금만 더 날씬했더라면 얼마나 좋았겠니. 자, 그럼 내일 집에서 보자꾸나!
맙소사, 2초 만에 식욕 상실!
따르릉

대체 엄마는 언제까지 뚱뚱하던 어릴 적 얘기를 계속할 거야?
♪ 더 이상 수신된 메시지가 없습니다.

다음 날, 나는 푸들 앞에 선
치와와만큼이나 용감하게
엄마 집 문 앞에 서 있었다.

엄마, 안녕.

왔구나! 기다렸다!
그런데 너 안색이
왜 그래? 어디 아파?

Bienvenue

우와! 정말 날씬해졌네!
훨씬 보기 좋아!
돈 좀 들였구나? 어쨌든 좋아. 정말 예쁜데?
드디어 날씬해졌어! 축배를 들어야지?
Champagne

고맙지만… 사실
축하할 일은 아니에요.

왜 아니야?
내 딸이 드디어
날씬해졌는데!
엄마는 네가
자랑스러워!

그래, 엄마가 벌써 여러 차례
말했지만, 네가 어렸을 때부터
좀 더 날씬했더라면, 지금쯤…

제발!
어릴 적 얘기는
이제 그만하세요!

엄마는 제가 아주 어릴 적부터
비만해서 이미 실패한 인생을
사는 것처럼 늘 말씀하셨어요.
그래서 전 어떻게든 살을 빼려고
다이어트를 시작했죠. 엄마가 절
예쁘다고 말해주기를 바라면서
이렇게 제 몸을 망가뜨렸다고요!

날씬한 게 왜 나쁘다는 거냐?

나쁘지 않죠.
원래 날씬하다면요.
건강을 해치지 않고
살을 뺄 수 있다면요.
또 비만해도 자신에게
만족할 수 있다면,
아무 문제 없겠죠.
하지만 전 지금까지 엄마 마음에 들지 못해,
머리카락이 몽땅 빠질 지경으로 힘들었어요. 심지어 제가 날씬해지기 위해
이 세상에 태어난 건 아닌가 하는 생각까지 들었어요. 하지만 이젠 저도 행복해지고
싶어요. 엄마와 함께 행복하든, 엄마 없이 행복하든, 행복해지려고 노력할 거예요.
엄마는 절 있는 그대로 받아들여야 해요.

84

그날 이후, 난 정신과 상담을 계속하면서 일상생활에서 유머를 잃지 않고, 좋은 기분을 유지하려고 노력했다. 그러면서 음식과도 조금씩 친해졌다.
허리도 32에서 36인치로 늘었고, 덜 피곤하고 기력도 나아졌다. 하지만 어머니한테서는 연락이 없었다.
그러던 어느 날...
그런데 이모 몸짱 됐네?
얘! 그런 말 하는 거 아니야!
충격이었다!

몇 달 전이었다면 조카 아이는 내가 뚱뚱하다고 말했을 것이다. 무리에서 조금 다르다 싶은 사람은 즉시 따로 분류된다. 날씬함과 '정상 상태'에 대한 강박관념을 없애는 일은 아주 어렸을 때부터 시작되어야 하지 않을까?
제가 일등을 하면 세계 평화를 위해 노력할 거예요!
1
2
3
4
1번은 탈락입니다. 너무 말랐어요! 2번은 히피 같은 머리띠만 없었어도 고려해보겠지만… 탈락입니다! 3번은 하체가 대체 어떻게 된 거죠? 절구통이라도 되겠다고 작정한 건가요? 탈락! 4번은 좋습니다. 몸매도 좋고 스타일도 완벽해요. 남도록 하세요.

"16시 49분에 어머니로부터
수신된 메시지가 있습니다."

또 옛날얘기 꺼내면
이놈의 자동응답기
부셔버릴 거야.

삑~

엄마다. 내 말 좀 들어봐. 내가 틀렸다는 사실을 깨달았단다. 하지만 내가 대번에 바뀔 수는 없잖니. 나도 어릴 적부터 여자는 몸매가 날씬해야 한다고 늘 말씀하시던 어머니 밑에서 자랐어. 그런데 나도 너한테 똑같은 말을 하고 있더구나. 올리비아, 넌 내 딸이고 내게는 네가 세상에서 가장 예뻐 보인다는 걸 알아다오. 엄마한테 시간을 주면 달라질 거야. 사랑한다, 내 딸!
눈물 나네…

엄마가 남긴 메시지를 듣고 몹시 혼란스러웠던 나는
정신과 의사를 찾아가 오랫동안 이야기를 나눴다.
그 메시지를 들으니
기분이 어떠셨나요?
기분이 참 묘했어요. 난생처음
엄마의 진심을 알게 된 것 같았어요.
이럴 때 어떻게 해야 할지 모르겠어요.
이런 일은 겪어본 적이 전혀 없거든요.

다시 고통받게 될까 봐 두려워요. 하지만 다른 사람들과 나 자신을 믿는 법을 배워야겠죠. 체중도 많이 회복했고, 이제 머리카락도 빠지지 않아요. 제가 살펴본 바로는 상태가 그리 나쁘지 않아요. 그리고 처음으로 제가 제 인생을 결정할 힘이 생겼어요. 노력하겠다는 마음도 생겼고, 이번에 제가 했던 경험에서 좋은 점을 찾아보고 싶어요. 그리고 이제부터는 사람들과 진정으로 동등한 인간관계를 맺고 싶어요.
노력해 볼래요.

그 후, 나는 어머니와 자주 만나 몸에 관해 이야기했고,
누구나 모델처럼 되려고 세상에 태어나지는 않았다는 것과
있는 그대로의 나 자신을 인정한다는 것을 이해시키려고 했다.

어쨌든 너도 언젠가 아이를
낳으면 너처럼 뚱뚱해지지
않을까 걱정하게 될 거다.

제 5 장

열등감을 이기는 연장통

다음은 프랑스 파리의 생탄 병원에 근무하는 정신과 의사
크리스토프 앙드레 박사의 글입니다. 앙드레 박사는 정신병리학
분야에서 탁월한 업적을 남겼고, 『나라서 참 다행이다』,
『안고 갈 사람, 버리고 갈 사람』 등의 책을 쓴 베스트셀러
작가이기도 합니다.

1. 자신의 콤플렉스에 대해 곰곰이 생각해보기

때로 자신감을 잃고, 자신에게 불만을 품는 것은
당연한 반응입니다. 세상에 완벽한 사람은 없으니까요.
게다가 그런 만족이 무슨 소용이 있을까요?
그런데 이런 불만족스러운 상태는 일시적인 콤플렉스로 발전
하기도 합니다. 강박적이고 고통스러운 '초점화'가 이루어지
는 것이죠. 이런 초점화는 자기 몸 전체 또는 스스로 보기 흉
하다고 판단한 신체 부위에 대해 지속적으로, 매우 빈번하게
일어납니다. 그럴 때 정신적인 안정과 사회적인 태도가 혼
란에 빠집니다. 자존감이 훼손되는 것은 물론이고, 불만이 자
신의 몸과 콤플렉스에 집중됩니다. 콤플렉스를 치유하는 데에
는 정해진 한 가지 방법만이 있는 것은 아닙니다. 콤플렉스를
극복하려는 다양한 노력이 하나하나 모여 증세가 조금씩 호전

되고, 이렇게 해야 콤플렉스가 우리를 지나치게 괴롭히는 것을 막을 수 있습니다.

그리고 무엇보다도 콤플렉스의 원인을 알아내야 합니다. 우리가 때로 콤플렉스의 덫에 걸리는 이유는 무엇일까요?

어린 시절, 전반적으로 긍정적인 평가에 인색한 교육 환경에서 성장했기 때문일까요? 부모에게서 들은 모욕적인 말 때문일까요? 부모의 콤플렉스를 물려받았기 때문일까요? 애정결핍 때문일까요? 아니면 살면서 겪게 된 어떤 고통스러운 사건 때문일까요?

이렇게 다양한 가능성을 탐색해보고, 콤플렉스의 원인을 알게 되었다면, 이번에는 다른 사람들을 관찰해봐야 합니다. 자신과 비슷한 '단점'이 있는 사람들이 어떻게 사는지를 살펴보자는 것이죠. 그 사람들이 어떻게 자신의 단점을 안고서도 즐겁게 살아가는지, 또 그 단점을 감추려고 애쓰지 않고 어떻게 자유롭게 살아가는지를 살피다 보면, 자신의 한계와 화해하고 자유를 누리는 비결은 운에 달린 문제가 아니라 조화롭게 적응한 정신과 마음가짐의 결과라는 사실을 알게 됩니다. 결국, 우리는 '콤플렉스 망상'에 맞서 싸워야 합니다. 우리가 살아가면서 심리적으로 어려움을 겪는 이유는 우리를 끊임없이 괴롭히는 단점 때문도 아니고, 남들의 시선이 우리의 약점을 들춰내거나 우리를 부정적으로 판단하기 때문도 아니지만, 우리는 때로 이 모든 갈등을 콤플렉스 탓으로 돌립니다. 이처럼 콤플렉스는 외부 세계의 객관적 사실과 상관없이 우리 심리가 스스로 만들어낸 내면적인 장애인 경우가 흔합니다.

2. 자신이 불완전한 존재라는 사실을 받아들이기

우리가 겪는 정신적 고통은 대부분 있는 그대로의 자신을 받아들이지 않는다는 사실과 관련이 있습니다. 누구나 자신의 약점, 자신의 한계, 자신의 결점을 받아들이지 않으려는 경향을 보이죠. 우리는 자신을 받아들이려면(그리고 다른 이들이 우리를 받아들이게 하려면) 자신이 완벽해야 한다고 생각합니다. 하지만 누구나 알다시피 완벽이란 불가능의 영역에 있으므로, 이런 생각은 우리를 지치게 하고, 불안하게 하며, 지속적으로 스트레스를 줍니다! 따라서 우리가 스스로 불완전함을 받아들이는 것 외에 다른 해결책은 없습니다…

하지만 '받아들인다'는 것은 '인정한다'("멋지군, 난 결점투성이야!")는 의미도 아니고, '체념한다'("내가 할 수 있는 게 없으니 내 운명에 따라 그냥 고통받으며 살겠어.")는 의미도 아닙니다. 자신을 있는 그대로 받아들인다는 것은 사람들을 피하고, 자신을 깎아내리고, 급기야 삶을 포기하는 식으로 자신을 벌하지 않고, 현재 상태의 자신을 관대하게 용인한다는 것을 의미합니다. 자신을 받아들이면 심리적으로 안정되고, 심리적으로 안정되면 자신이 해야 할 일에 대해 차분히 생각해볼 수 있게 됩니다. 그럴 때 우리는 스스로 더 나아지는 데 필요한 노력을 기울이기 위한 준비를 더 잘할 수 있습니다. 이처럼 자신을 있는 그대로 인정함으로써 우리는 더 침착해지고 더 유능해집니다.

그렇다면, 실제로 자신을 받아들이기 위해 우리는 무엇을 할 수 있을까요? 대답은 간단합

니다. '아니요!'가 아니라 '네!'라고 대답하는 겁니다! 머릿속에서 단지 '네!'라고 말하는 훈련을 하는 겁니다. 세상만사가 원하는 대로 되지 않는다는 사실을 인정하고, 그런 사실을 받아들이는 겁니다. '그래, 내가 원했던 것과는 다르지만, 세상은 원래 그런 거야. 내가 가장 먼저 해야 할 일은 세상이 원래 그렇게 생겼다는 사실을 받아들이는 거야'라고 생각하는 겁니다.

오늘은 햇빛이 아름답게 반짝이는 날씨가 되기를 바랐지만, 섭섭하게도 비가 내린다면 어쩔 수 없이 비가 내린다는 사실을 받아들이는 것과 마찬가지입니다. 그럴 때 어떤 다른 선택도 있을 수 없고, 분노하거나 한탄하거나 짜증 내는 태도는 자신에게 아무런 도움이 되지 않죠. 자신에 대해서도 마찬가지입니다. 우선 자신을 있는 그대로 받아들이고 난 다음에 행동해야 합니다. 일단 받아들여야 행동할 수 있습니다. 변화시킬 수 있는 것을 변화시키기 위해 행동하고, 세상을 다른 관점에서 바라보며 살아가기 위해 행동해야 합니다.

또한, 현실에 발을 붙이고 있어야 한다는 점도 중요합니다. 지나간 과거를 끊임없이 되새기지 마세요. 집착하지 말고, 과장하지 말고, 심각해지지 말고, 두려움에서 빠져나오려고 애쓰지도 마세요. 실제로 자신의 한계를 인정하지 않으려는 태도 뒤에는 두려움이 숨어 있습니다.

하지만 이것은 어찌 보면 당연한 일입니다. 누구나 사랑받지 못하고 칭찬받지 못할까 봐 두려워합니다. 자신을 있는 그대로 받아들이는 목적은 현실로 돌아가기 위해서입니다. 비록 결점이 있어도, 사람들은 우리의 다른 모습을 사랑하고, 우리를 인정하니까요. 다시 말해서 당신의 결점이 당신을 대표하는 특징이 절대 아니라는 겁니다. 게다가 지금 이 순간에도 사람들은 당신의 강점과 장점과 결점을 모두 포함한 전체적인 모습을 바라보고 있지만, 오직 결점에 집착하는 당신만이 그것을 모르고 있을 뿐입니다.

3. 자신을 판단하지 않기

사람들은 자신을 판단할 때 늘 무언가를 착각하거나, 사실을 제대로 바라보지 못합니다. 콤플렉스가 문제시되는 상황에서는 특히 그렇죠. 자신에 관한 어떤 시선도 중립적이지 못합니다.

이처럼 자존감은 본질적으로 하나의 판단입니다. 자신을 관찰하고, 자신을 판단할 때 생기는 감정이기 때문이죠. 그리고 이런 판단은 '이중적'이라고 할 수 있습니다. 왜냐면 (상상 속의) 자신을 판단하는 데에는 자신의 생각만이 아니라 다른 사람들이 자신을 '그렇게 판단하리라'는 짐작도 반영되기 때문입니다. 사람들은 누구나 옳건 그르건 간에 남들의 판단에 비추어 자신을 판단하게 마련입니다. '타인의 시선'이라는 망령이 늘 우리를 압박하기 때문이죠.

그래서 우리가 자신을 판단할 때 부딪히는 첫 번째 문제점은 우리가 자신을 사랑하고, 자신을 제대로 이해하기도 전에 자신을 판단한다는 사실입니다. 그리고 두 번째 문제점은 이런 판단이 종종 너무 엄격하다는 사실이죠.

'판단한다'는 것은 무엇일까요? 그것은 어떤 사실을 어떤 가치에 연결하는 일입니다. 그런데 콤플렉스가 있는 사람이 지키려고 하는 가치들은 흔히 자신에게 해를 끼칩니다. 왜냐면 지키기가 너무 힘겹고, 스스로 타협을 용납하지 않기 때문이죠. 완벽해지려는 욕망이 자신을 격려하려고 사랑하려는 욕망을 억누른다는 겁니다.

우리 머릿속에 이루어지는 이런 판단은 심리 치료에서 흔히 말하는 '자기 비난'이라는 형태로 나타납니다. 자기 비난을 하면 자신을 비판적으로 대하게 되고, 스스로 사기를 떨어뜨리고, 힘을 소모하게 하고, 부정적인 말들("넌 무능해!")이나 한정적인 말들("넌 할 수 없어!")이 계속 머릿속을 맴도는 멜로디처럼 들려오게 되죠.

우리는 왜 이런 일을 겪는 걸까요? 무엇보다도 오래전부터 이런 상황에 익숙해져 있기 때문입니다. 그래서 자신에 대한 부정적인 판단에 문제를 제기하지 않고, 그것이 사실이고 당연한 평가라고 생각하는 겁니다. 심지어 이런 태도가 명석하고 필요하다고까지 생각합니다. 최악의 경우에는 자신에게 가혹하게 굴수록 자신에게 이롭다고 생각하기도 하죠. 가혹하지만 이롭다? 이것은 그야말로 말도 안 되는 자학적인 착각에 불과합니다.

실제로 자기 비난은 겉으로 보기에 정직함과 명석함을 표방하고 있을 뿐, 사실성이 희박한 판단에 바탕을 두고 있습니다. 남을 괴롭히려는 사람들이 처음에는 마치 진정한 친구라도 되는 듯이 충고자 행세를 하는 것과 마찬가지입니다. 그렇다면 자기 비난의 덫에서 벗어나려면 어떻게 행동해야 할까요? 바로 자신을 평가하지 않는 겁니다. 자신을 평가하기를 그치고, 사랑하고 존중해야 합니다. 이렇게 자신을 다정하게 대하는 데서부터 시작하면 나머지 변화는 저절로 따라오게 됩니다.

4. 자신에게 가장 좋은 친구 되기

우리는 누군가가 예쁘고 완벽하다는 이유로 그를 친구로 삼을까요? 아닙니다. 호의적이고, 선량하고, 재미있고, 배울 점이 있고, 마음에 들고, 높이 사는 어떤 장점이 있기에 그와 친구가 됩니다.

내가 친구들의 신체적 결점을 지적하고, 놀리고, 그들에게 날씬해지라고 '충고'할까요? 그러지 않죠. 나는 친구들을 있는 그대로의 모습으로 사랑합니다.

친구 관계는 자신과의 관계를 정립하는 데 매우 바람직하고 훌륭한 모범을 제시합니다. 나와 그저 좋은 친구가 되는 것이죠… 그리고 친구와 대화하듯이 서로 이야기를 나눕니다. 쓸데없이 친구에게 못생겼다고, 보잘것없다고, 매력이 없다고 말해서 상처를 주지 않죠. 왜냐면 그런 태도는 잘못되었고, 부당하고, 아무런 긍정적 효과가 없다는 사실을 잘 알기 때문입니다. 그럼에도 이런 말을 계속하는 친구가 있다면, 그는 절대 친구가 아닙니다.

어떤 사람들은 자신과도 꽤 수월하게 우호적인 관계를 정립할 줄 압니다. 그들은 자신에게 마음을 쓰고, 자신에게 실망했을 때에도 자신을 학대하지 않습니다. 차분하게 실패를 인정하고 거기에서 배울 점을 찾죠. 이처럼 자신에게 애정을 품고 있습니다. 만약 과거에 이런 유형의 관계를 경험하거나 교육을 통해 배운 적이 없다면, 스스로 깨우쳐야 합니다.

무엇보다도 자신을 다정하고 친절하게 대해야 합니다. 그렇게 한다고 해서 마음이 여려지거나 절충적이 되거나 지나치게 관대해지는 것은 아니니까요. 단지 평온해지고, 자상해지고, 현명해질 따름이죠. 스스로 변하기를 원하고 그렇게 노력하고 있다면, 평온하고 자상하고 현명한 태도는 큰 도움이 됩니다.

5. 광고와 잡지에 나오는 완벽한 몸매의 거짓에 속지 않기

거짓 이미지는 정말 지겹죠! 여기저기서 쏟아져 나오는 완벽한 몸매의 이미지들은 모두 중독성이 있는 허상들입니다. 패션모델들, 미인 대회 수상자들, 배우들, 미모를 타고난 여자들조차도 아름다움과 젊음을 기준으로 수만 명 중에서 선택된 사람들이며, 그들의 이미지는 각종 소프트웨어 프로그램과 도구들로 공들여 작업하고 수정해서 만들어낸 완성품입니다. 그중에서도 가장 잘 나온 이미지들만을 선택하겠죠. 그런 이미지의 주인공들과 자신을 비교한다면, 언제나 패배자가 될 수밖에 없고 콤플렉스가 생길 수밖에 없습니다.

사실 인류가 자신의 모습과 대면한 지는 얼마 되지 않았습니다. 옛날에는 거울이 매우 드물었고, 매우 고가였기에 주로 귀족들만이 사용했죠. 베르사유 궁전에 있는 거울의 방은 루이 14세가 유럽 전역에 불러일으켰던 화려하고 사치스러운 유행의 상징이며, 믿기 어려울 정도로 강력한 권력과 부의 증거였습니다. 그러다가 거울은 19세기 초부터 대중화되었고, 비슷한 시기에 사진이 일반에 보급되었습니다. 당시까지만 해도 귀족과 부자 들의 전유물이었던 초상화와 비교할 때 사진은 훨씬 저렴했고, 누구나 자신의 인물사진을 가질 수 있게 되었습니다.

그리고 세월이 흘러 20세기 말에는 비디오가 일반화되었고, 카메라 기능이 탑재된 스마트폰이 놀랄 만큼 빠른 속도로 전 세계에 보급되면서 이제 우리는 일상에서 자신의 모습을 얼마든지 아주 손쉽게, 그리고 영원히 다양한 매체에 남길 수 있게 되었습니다.

결국, 이런 기술적인 진화는 오늘날 개인과 사회에 재앙을 끼칠 만큼 커다란 심리

적 영향을 미치게 되었고, 이런 현상은 오늘날 영상이 곳
곳에서 남용하는 위력과 편재성의 배경을 잘 설명해줍
니다.

안타깝게도 오늘날 사람들은 인터넷 사이트와 소셜 네
트워크를 도배한 전 세계 미녀들의 이미지, 수정을 거듭
한 그 조작된 모습을 자신과 비교하면서 열등감에 시
달리고, 절망하고, 자신을 비하하고, 미워하고, 원망
하면서 괴로워하는 나날을 보내고 있습니다.

게다가 외모는 이제 정치나 사업, 구직처럼 그 성격상
원칙적으로는 아무 관련도 없는 분야에서도 눈에 띄
게 중요한 요소가 되었습니다. 미용 산업이나 성형외
과의 전 세계적인 호황 국면도 외모에 대한 대중의 열정,
탐닉을 직설적으로 보여주고 있죠.

따라서 여성지나 광고 보드에 등장하는 작위적인 미모의
여성들 모습에 빠져서 헤어나지 못하거나 시간을 허비하지
않도록 조심해야겠죠. 그럴 때 자신을 격려하는 이런 주
문을 반복하는 것도 효과가 있을 것 같습니다.

"이런 여자들의 이미지는 인위적으로 수정한 모습,
조작된 매력, 남을 속이는 함정일 뿐이야. 애써서 이런 모습과
닮으려고 몸부림칠 필요는 없어. 난 아무 문제 없어. 이런 모습과
닮지 않았어도 내 인생은 아름다우니까!"

6. 수치심 거부하기

심리학 분야에서는 죄책감에 관해 많은 연구가 나왔습니다. 고통스러울 정도로 불편한 감

정인 죄책감은 잘못을 저질렀다는 확신과 연결되어 있죠.

그런데 수치심은 죄책감보다 더 큰 피해를 주는 감정입니다. 왜냐면 수치심은 행동만이 아니라 개인의 존재 자체에 연결되어 있기 때문입니다. 사람들은 자신이 한 어떤 행동에 대해 죄책감을 품을 수 있습니다. 따라서 항시적이지도 않을뿐더러 생겼다가 사라질 수도 있는 감정이지만, 자기 존재에 대해 지속적으로 부끄러움을 느끼는 현상인 수치심은 죄책감보다 더 광범위하고, 따라서 더 심각한 폐해를 입힙니다.

수치심에 사로잡힌 사람은 늘 자신을 창피하다고 여기기 때문에 자신이 저지른 행위뿐 아니라 자신의 모든 것을 부정하고 거부합니다. 예를 들어 범죄자는 범죄를 저지른 행동을 부끄러워할 수 있지만, 그것이 자신의 존재 자체를 부끄러워하는 반응이라고 말할 수는 없습니다.

그러나 다른 모든 감정과 마찬가지로 수치심에도 그 나름의 역할이 있고, 그중에는 긍정적인 역할도 있습니다. 그것은 인간 집단(가족, 친구, 직장) 내에서 자기 자리를 가지려면, 존중해야 할 규범이 있다는 사실을 잊지 않게 해주는 일이죠.

적당히 수치심이 든다면 혹시라도 저지를 수 있는 반사회적인 행동을 하지 않게 됩니다. 예를 들어 거짓말하고, 배신하고, 물건을 훔치고, 약자를 괴롭히는 행동 같은 것을 하지 않게 된다는 것이죠. 그런데 만약 그런 행동을 저질렀다면, 또다시 똑같은 잘못을 저지르지 않도록 억제하는 기제가 작동합니다. 바로 두려움이 잘못을 저질렀을 때 뒤따르게 될 위험을 예측하게 해서 더 신중하게 행동하도록 하듯이, 수치심은 집단에서 따돌림당하는 상황을 예측하게 해서 자기 존재를 더 예민하게 자각하도록 합니다.

신체의 영역에서 보면 이야기는 더 간단해집니다. 우리는 수치심
을 느끼지 않으려고 몸을 청결하게 유지하고, 향수도 뿌리고, 미
소도 짓고, 깨끗한 옷을 차려입는 등 자신에 대해 신경을 쓰
죠. 이렇게 해서 다른 이들에게 받아들여지고, 겉모습을
넘어 그들과 더 본질적인 관계를 맺게 됩니다.
 하지만 수치심이 지나치면 질문의 소용돌이 속에
서 자신을 잃게 되고(내 몸은 받아들여질 만할까? 내
몸이 예쁘지 않다고 사람들이 나를 내치지 않을까?)
거기서 헤어나지 못합니다. 지나친 수치심에서
벗어나는 데에는 두 가지 원칙이 있습니다. 첫
번째 원칙은 수치심에 절대 좌우되지 않는 것
이고, 두 번째 원칙은 수치심 때문에 내성적
으로 변하거나 자신을 숨기지 않고 적극적
으로 행동하는 것입니다. 다른 사람들에게 다
가가서 자신의 몸이 숨 쉬고, 움직이고, 드러나게 해
야 합니다. 어떻게든 몸을 감추고, 갖가지 방법을 동원해
서 몸을 드러내는 상황을 피하려고 애써서는 안 됩니다.
물론 부끄러워할 수는 있지만, 수치심의 포로가 되어서는 안 되죠. 자기 모습이 불만스러
울 수도 있고, 달라지고 싶을 수는 있지만, 자신이 수치스럽다고 느낄 이유는 없습니다.

7. 나를 사랑하는 사람들을 신뢰하기

상태가 나빠진다고 느껴지면, 다른 사람들과 이야기를 나눠보세요. 콤플렉스는 수치심과
고립을 먹고 자랍니다. 가까운 이들에게 이야기한다고 해서 콤플렉스가 곧바로 치유되지
는 않겠지만, 조금씩 나아질 수는 있으니까요.

수치심이 심해지면, 자신의 결점밖에 보이지 않습니다. 원래 그렇게 생긴 자신의 모습마저도 심각한 결점으로 보게 됩니다.

지인들은 어쩌다가 그렇게까지 콤플렉스를 느낄 수 있는지, 전혀 이해하지 못합니다. 내 콤플렉스를 알아보지 못해서가 아니라, 내가 괜찮은 사람이고, 내가 생각하는 나보다 훨씬 더 나은 존재라고 생각하기 때문이죠. 그들은 뒤로 한 걸음 물러서서 나를 바라보고, 나의 모든 면을 고려해서 내가 어떤 사람인지를 봅니다. 그렇게 나의 소소한 단점들이 나의 많은 장점 속에 묻혀버리는 것이죠.

그들도 나와 마찬가지로 내 결점을 발견하지만, 거기에 초점을 맞추지는 않습니다. 내 결점 때문에 내게 흥미를 느끼는 것은 아니니까요. 그들이 옳습니다.

그런 그들을 본받는 것이 이롭습니다. 그렇게 하면 나 자신에 대한 시야를 넓혀준다는 장점이 있죠. 자신을 전체적으로 파악하고, 자신의 몸과 생각, 그러니까 자기 자신 전체로 시야를 넓혀서 자신의 약점, 한계, 결점 때문에 움츠러들지 않도록 하고, 자신의 부족한 점에 집착하지 않도록 하는 것이죠. 자신이 결점밖에 없는 존재가 아니라는 사실을 잊지 않는 겁니다!

자, 이렇게 마음을 가다듬고 나서는 직접 실천해보기로 합니다. 당신이 콤플렉스를 느끼는 점에 대해 누군가가 긍정적인 생각을 표출하고, 당신에게 우호적이고 친절한 반응을 보인다면, (말로 하든

머릿속으로 생각하든) 그의 말과 태도를 반박하지 말고 그대로 받아들이는 겁니다. '그것이 사실이라면? 그의 말이 옳고, 내 생각이 틀렸다면?' 속으로 이렇게 생각하면서 마음을 편하게 먹고, 미소 띤 얼굴로 그의 말을 수긍해보자는 겁니다.

8. 자신감을 잃지 않도록 신경 쓰기

콤플렉스는 감정적으로 침울한 환경에서 생겨서 지속하기 쉽습니다. 사실, 부정적인 감정(우울, 분노, 불안)이 너무 길게 지속하거나 너무 자주 일어나지만 않는다면, 그런 감정이 일시적으로 내면을 지배하도록 내버려두는 것이 신적 균형에 그리 위험한 일은 아닙니다. 왜냐면 감정이 강하고 격하게 동요할수록 우리는 자신의 마음 상태에 더 관심을 기울이게 되기 때문이죠. 오히려 감정이 숨겨져 있을수록 더 해로운 이유는 그것을 정확히 알기도 어렵고, 또 맞서 싸우기도 쉽지 않기 때문입니다.

순간적으로 격렬하게 분출되는 예외적인 경우가 아니라면, 감정은 우리 마음에서 마치 차가 우러나듯이 서서히 생성됩니다. 그렇게 우울, 슬픔, 아쉬움, 그리움, 짜증, 원망 등 다양한 감정이 시간의 흐름과 함께 활성화하죠. 때로는 캐밀러와 라벤더가 섞인 허브차처럼 분

105

노와 불안 또는 불만과 죄책감이 뒤섞이기도 합니다. 따라서 마음이 그런 감정의 소용돌이에 빠져 허우적거리게 해서는 안 되겠죠.

그렇다면, 부정적인 감정을 자꾸 되새기지 않게 하려면 어떻게 해야 좋을까요?

만사가 귀찮다는 듯이 우울한 생각에 빠져 우두커니 앉아 있지만 않는다면, 무슨 일이든 좋습니다. 산책을 하거나, 친구를 만나거나, 웃기는 영화를 보거나, 신나는 노래를 듣는 것도 좋겠죠. 창가로 가서 하늘을 바라보고, 심호흡을 하고, 미소를 지으면서 모두 다 잘될 것이다, '이 또한 지나가리라'라고 생각하세요. 또 일상의 작은 일들에서 열정을 찾고, 애착을 느끼고, 거기에 전념하는 것도 좋습니다. 그렇게 하면, 바닥으로 가라앉아 무기력하게 시간을 보내거나 줏대 없이 모든 것을 흘러가는 대로 내버려두지 않고, 활기 있게 현실과 마주할 수 있습니다.

9. 실패를 인정하고 불안에 사로잡히지 않기

말이 쉽지, 실제로 변하기는 참 어렵죠. 일반적으로 우리는 오랜 세월 자신에 대한 회의와 끈질긴 콤플렉스에 사로잡힌 채 살아갑니다. 그래서 그런 것들이 어디에서 생겨났고, 어떻게 우리를 지배하고 있는지를 알아냈다고 해서 즉시 사라지지는 않습니다. 그런 회의와 콤플렉스는 지속하고, 또 잠시 떠났다가도 슬그머니 되돌아오기 일쑤죠.

이것은 당연한 현상입니다. 당연할 뿐 아니라 예측할 수

있습니다. 마음의 상태가 진전을 보이다가도 다시 이전처럼 회의에 빠져들고, 콤플렉스가 다시 기승을 부리기도 합니다. 마음을 다잡고, 다시는 폭식하지 않겠다고 스스로 맹세했지만, 작은 심리적 동요에 무너져 한밤중에 냉장고를 온통 비워버리기도 합니다. 정서적 공복감을 이기지 못해 진짜 위장이 아니라 허깨비 '유령 위장'을 채우는 거죠. 그런가 하면 엄청난 중압감으로 식사를 증오하고, 아예 곡기를 끊기도 합니다. 혹은 몇 시간을 거울 앞에 서서 자신을 죽도록 원망하고, 자신이 최악의 존재라고 믿기도 합니다.

그럴 때 자신이 절대 달라지지 않으리라는 생각이 틀렸고, 지금까지 들인 노력이 절대로 쓸모없는 것이 아니었다는 사실을 분명히 이해하는 일이 무척 중요합니다. 그 말은 역설적으로 달라지기가 그만큼 어렵고, 지금 자신은 오래된 습관과 싸우고 있으며 그것은 단번에 사라지지 않는다는 것을 의미합니다. 그리고 그것이 사라졌다고 해도 우울하거나 피곤할 때, 어려운 시기에, 상처받았을 때, 또는 예고도 없이, 아무 이유 없이 다시 나타날 수 있음을 의미하기도 합니다.

그러나 재발을 두려워할 필요는 없습니다. 재발했을 때 어떻게 대처하느냐가 중요하죠. 재발한 콤플렉스와 절망을 맞서 싸워야 할 문제로 여겨야지, 결국 아무것도 할 수 없다는 증거로 여겨서는 절대 안 됩니다.

그렇다면, 실제로 달라지는 데에는 대체 얼마나 오랜 시간이 필요할까요?

10. 남의 시선과 상관없이 자신의 삶과 몸을 사랑하기

자신이 달라지는 데 얼마나 오랜 시간이 걸리든 간에 인생을 진하게 맛보고, 또 행복해지는 일에 전념하는 것이 중요하다고 생각합니다.

그러다 보면 스스로 콤플렉스를 극복하려고 노력할 힘이 생기기 때문입니다. 그리고 무엇보다도 인생이란 참으로 아름다운 것이기 때문이기도 합니다. 자신

을 포함한 모든 이에게 여기 지금 이 순간의 삶보다 더 아름다운 것은 없습니다. 아무리 힘겹고 괴로운 시간을 보내고 있다고 해도, 이 경험은 다른 누구도 아닌 나에게만 허락된 것이고, 다음 시간, 다음 장소에서 내게 무엇이 찾아올지는 아무도 모릅니다. 동양의 위대한 철학자 장자가 말했듯이 우리 인생은 예측할 수 없는 우발성으로 가득 차 있습니다. 내일 놀라운 행운이 찾아올지도 모르고, 모레 비극적인 사고를 당할지도 모릅니다. 그러나 변함없는 사실은 지금 이 순간 내가 살아 숨 쉬고 있다는 것이죠.

만약 행복해지기 위해 지금 겪고 있는 모든 문제를 해결하고, 모든 빚을 갚고, 원했던 모든 것을 얻고, 완벽한 몸매와 재치 있는 말재주를 갖추고, 매일 아침 백설공주처럼 아름다운 얼굴에 멋진 피부를 빛내며 침대에서 일어나기를 바란다면, 아마도 꽤 오랜 시간이 걸릴지도 모릅니다… 그러니 이런 것들을 바라서는 안 됩니다!

바로 지금 이 순간, 자신이 놓여 있는 상황에서 현실적으로 행복을 찾아야 합니다!

행복은 자신이 더 나아지는 데 필요한 힘을 보태줄 겁니다. 그리고 자신의 불완전한 몸이 아니라 다른 것을 통해 정신적 지평을 넓혀줄 겁니다. 게다가 몸은 우리가 행복을 느끼게 해주는 가장 좋은 수단이기도 합니다. 몸을 다른 사람들이 비판하거나 찬양하는 자신의 껍데기로 여기지 말고, 자기 존재가 머무는 곳, 더 많은 기쁨을 얻도록 도와주는 친구로 생각하라는 겁니다. 몸은 내가 움직일 수 있게 해주고, 피부에 쏟아지는 햇살과 머리카락 사이로 부는 바람, 향기로운 목욕물과 마사지사의 시원한 손길을 느끼게 해줍니다. 이런 모든 감각은 다른 사람들의 시선을 갈구하는 것보다 훨씬 더 유익하고 중요하며, 진정한 행복을 느끼게 해줍니다!

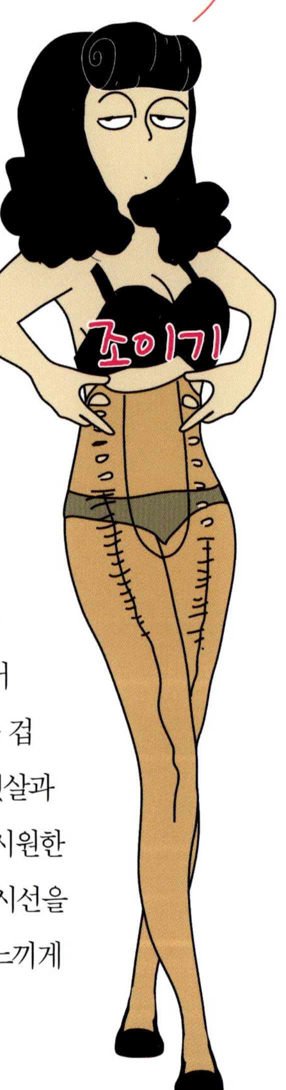

비만 치료의 핵심

김양현

고려대학교 안암병원 가정의학과

체중 감량의 비결은 장기적인 목표와 지속적인 관리

새해가 되면 사람들이 가장 많이 찾는 장소가 정동진 다음으로 헬스장이라고 합니다. 그래서 평소보다 훨씬 많은 사람이 헬스장에서 열심히 운동하는 모습을 볼 수 있습니다. 일반적으로 체중 감량을 목표로 삼는 사람은 내일부터라도 당장 식사량을 줄이거나 굶고, 하루에 한 시간 이상 헬스장에서 운동하겠다는 계획을 세웁니다. 학창시절에 방학이 되면 일과표를 만들었던 것처럼 빡빡하게 일정을 계획하지만, 대부분 작심삼일로 끝나기 일쑤입니다. 또한, 대부분 잘못된 지식을 가지고 체중 감량에 무턱대고 접근하기 때문에 단기간에 체중 감량을 할 수 있을지는 모르지만, 줄어든 체중을 오랫동안 유지하는 경우는 드뭅니다. 제가 돌보는 환자 중에서 체중이 90kg이었는데 한 달 만에 81kg까지 감량한 여성이 있었습니다. 하루에 음식으로 500kcal만을 섭취하고, 2시간 이상 강도 높은 운동을 계속했는데, 이처럼 체중을 너무 빨리 감량하는 경우에는 탈모, 피부 늘어짐, 피로 등의 부작용이 발생할 수 있어 오히려 건강을 해치는 사례가 빈번합니다. 결국, 이런 생활습관의 변화가 오래가지 못해서 그 여성은 안타깝게도 3개월 뒤에 다시 비만한 상태가 되었습니다.

체중은 첫 3개월까지 가장 잘 감소하고, 6개월까지는 감소하는 속도가 어느 정도 느려지다가, 6개월이 지나면 대부분 다시 늘어나는 현상을 경험하게 됩니다. 크게 보면 체중이 줄어들지만, 그 과정에서 주기적으로 살이 쪘다가 다시 빠지곤 합니다. 그래서 살이 1kg 빠지고 찌는 데 너무 일희일비하기보다는 조금 느긋하게 생각하고, 장기간 체중을 관찰하는 태도가 필요합니다. 간혹 비만 클리닉에 다니는 사람 중에는 생각보다 살이 빨리 빠지지 않는다고 실망하는 경우도 있지만, 장기적으로 체중 감량 목표를 세우고 접근해야 살도 빼고 체중도 유지할 수 있다는 점을 꼭 기억해야 합니다. 비만 클리닉에 다니면서 가장 좋은 효과를 보였던 사람들은 담당 의사와 오랫동안 치료 관계를 유지하면서 지속적으로 체중을 감량한 경우라는 사실을 기억할 필요가 있습니다. 이것은 제가 경험적으로 확인한 사실이기도 합니다.

체중을 줄이는 가장 좋은 방법

그렇다면 여러분은 비만 치료에서 가장 좋은 방법은 무엇이라고 생각하나요?
사람마다 체중을 감량하는 방법이 각기 다르고, 중요시하는 정보도 다릅니다. 어떤 사람은 간헐적 단식 같은 식이 조절을 하고, 또 어떤 사람은 운동만 열심히 하기도 하고, 또 어떤 사람은 약물을 먹기도 합니다. 식이와 운동, 그리고 필요한 경우 약물을 복용하는 조합이 가장 좋은 방법인 줄은 알지만, 실제로 다이어트를 할 때에는 주로 약물을 사용하는 경우가 많습니다.

살을 빼는 데 현재까지 알려진 가장 좋은 방법은 바로 저탄수화물 식사를 기반으로 한 식이 요법입니다. 하지만 음식을 먹지 못하는 괴로움과 배고픔이 수반되기에 약물을 사용하게 되죠. 약물을 사용하는 사람들은 대부분 약만 먹으면 입맛이 사라지고 배도 고프지 않으니 쉽게 살을 뺄 수 있으리라고 생각합니다. 물론 먹지 않으면 살이 빠지는 것은 당연한 이치지만, 먹지 않으면 힘이 없어서 운동을 병행하지 못하는 경우가 자주 발생합니다. 게다가 이렇게 단지 음식을 먹지 않고 살을 빼면, 지방과 함께 근육도 줄어든다는 사실에 주목하지 않는 것 같습니다. 또한, 어떤 사람은 비만 치료 약물의 원리를 잘못 이해해서 약이 체내의 살(지방)을 녹여서 빠져나오게 한다고 착각하기도 합니다. 하지만 대부분 비만 치료 약물의 원리는 체내에서 흡수되는 지방의 양을 줄여주거나, 포만감이 들게 해서 식욕을 떨어트리는 데 있습니다. 이는 결국 섭취하는 칼로리를 줄여서 체내에 저장된 에너지원을 사용하게 함으로써 체중을 감량하는 원리입니다. 이 과정에서 체내에 저장된 탄수화물을 가장 먼저 에너지원으로 사용하고, 그것으로 부족하면 효율은 떨어지지만 지방을 사용하고, 그래도 부족하면 단백질을 사용하게 됩니다. 이처럼 단백질이 에너지원으로 사용되면 근육이 감소하고, 전반적인 기초대사량(basal metabolic rate)의 감소와 함께 쇠약감 및 피로 현상을 불러오게 됩니다. 따라서 쉽게 피곤해지고, 이전과 똑같이 운동해도 에너지를 소비하는 효율이 떨어지면서 노력에 비해 쉽게 살이 빠지지 않게 됩니다. 게다가 단순히 식이 제한이나 약물로만 살을 빼는 경우에는 추후 '요요 현상'이 발생할 확률이 높아집니다. 또한, 제대로 영양분을 섭취하지 못하면 비타민과 미네랄이 부족해서 탈모 현상이 생기거나 심할 경우 담석이 생길 수도 있습니다.

따라서 운동이 필요합니다. 물론 바쁜 일상에서 시간을 내어 운동하기는 어렵습니다. 아침 일찍 출근하고, 회식이다 야근이다 해서 밤늦게 돌아오는 현대인에게 운동은 여유 있는 사람만이 누릴 수 있는 특권처럼 여겨지기도 합니다. 하지만 운동은 무엇보다도 줄어든 체중을 유지하고 근육의 양을 늘릴 뿐 아니라 체성분 변화와 기초대사량 증가에도 큰 도움이 됩니다. 따라서 운동은 다이어트에 꼭 필요한 요소입니다. 저도 비만 클리닉에 내원한 환자에게 식사 일지 작성과 더불어 하루 30분 이상, 가능하면 1시간 정도 걷기를 권장하고 있습니다. 평상시에 가장 쉽게 할 수 있고, 접근하기 쉬운 운동이 바로 걷기여서 엘리베이터보다는 계단을 이용하고, 교통수단보다는 도보로 이동한다면 충분히 운동 시간을 채울 수 있습니다. 몸을 움직이는 것 자체가 귀찮을 수 있지만, 작은 불편을 감내한다면 운동할 시간을 내기는 그리 어렵지 않습니다.

어렵게 살을 빼고 나서 다시 살이 찌는 이유

최근의 한 연구에서 체중의 10%를 감량하고 1년 이상 그 체중을 유지하는 사람들을 살펴 봤더니, 다음과 같은 특징이 있었다고 합니다. 첫째, 저지방, 저열량 식사를 유지하고, 둘째, 규칙적으로 세 끼 식사하며, 셋째, 운동을 통해 높은 신체 활동량을 유지하고, 넷째, 적어도 일주일에 한 번 이상 체중을 측정했다고 합니다. 그 밖에도 체중을 잘 유지하는 사람들은 오랜 기간 체중을 감량했거나, 아침 식사를 하거나, 장기간 치료자와 지속적인 만남을 유지했다고 합니다. 서두에 말씀드린 것처럼 전문가와 오랫동안 치료 관계를 유지하는 것은 체중의 감량과 유지에 큰 도움이 됩니다. 1년 이상 지속적으로 체중을 감량하고, 이후에도 한 달에 한 번 정도 외래에 오는 사람은 체중을 잘 유지하지만, 단기간에 살을 빼고 나서 치료 관계를 중단하는 사람 중에는 다시 체중이 증가해서 고민하는 사례를 흔히 볼 수 있습니다. 누군가가 자신의 체중에 관심을 보이고, 함께 이야기하는 것만으로도 정상 체중을 유지하는 데에는 의미 있는 자극이 됩니다.

이처럼 정상 체중 유지에 성공한 사람들과 달리 체중이 다시 증가한 사람들의 특징을 보면, 첫째, 좌식 생활을 했거나, 둘째, 너무 엄격하게 식사를 조절했거나, 셋째, 우울증이나 극심한 스트레스를 지녔다고 합니다. 식이 요법을 하는 사람 중에서 한 가지 음식만을 먹거나 끼니의 수를 제한하는 경우가 있는데, 이를 평생 유지하지 못한다면 대부분 실패하여 다시 체중이 증가하게 됩니다. 한창 성장기에 있는 청소년이 이런 다이어트를 한다면 원하던 대로 마른 몸매가 될 수는 있을지언정, 성장 장애나 영양 부족 현상을 초래할 수 있고, 노인은 골다공증 등의 문제가 생길 수 있으므로 각별히 주의해야 합니다. 또한, 기저에 우울증이 있는 사람은 체중을 조절할 때 함께 치료하면 도움이 됩니다.

또한, 체중 감량에 성공한 이후의 상황에 대해 너무 큰 기대를 품거나 자신의 능력은 고려하지 않고 살을 더 빨리 더 잘 뺄 수 있다고 섣불리 믿었다가 결과가 만족스럽지 못하면 다시 살이 찌기도 합니다. 이런 현상을 캐나다 토론토 대학 심리학 교수인 자넷 폴리비와 피터 허먼 교수는 '거짓 희망 중후군(False hope syndrome)'이라고 불렀습니다. '가능한' 목표가
아니라, '원하는' 목표를 세우고, 너무 성급하게 기대하고, 자신감이 지나치고, 결과에 대한
기대가 너무 크면, 기대했다가 실패하고, 또 기대하기를 반복한다는 것이죠. 실제로 어느
방송 프로그램에 자주 등장하는 연예인은 살을 빼고 나서도 자신이 생각하는 것만큼 외모
가 마음에 들지 않자, 실망해서 식사 조절을 포기하고 다시 비만해진 모습을 보여주기도
했습니다. 원칙적으로 임상 가이드에서는 비만 환자의 체중 감량 목표치를 5~10%로 설정
하고 있지만, 대부분 환자는 자신의 체중에서 20~30% 이상 감량하기를 원합니다. 또한, 의
사는 15% 정도 감량할 수 있다고 생각하죠. 체중 감량 목표에 관한 이런 괴리는 환자로 하
여금 잘못된 목표를 설정하게 하고 결과에 실망하는 원인이 될 수 있는 만큼, 정확한 목표
설정은 비만 치료에서 매우 중요한 요소입니다.

비만 치료에서 가장 중요한 요소

이쯤에서 다시 한 번 확인할 것이 있습니다. 여러분은 왜 살을 빼려고 하시나요? 정확하게
목표를 설정하고 체중을 감량했다고 하더라도 그 목적이 분명하지 않으면 체중은 금세 다
시 늘어날 수 있습니다. 살을 빼는 데에는 여러 가지 이유가 있습니다. 전에 샀던 예쁜 옷
이 맞지 않아서, 자신감이 떨어져서, 취업이나 건강 등의 목적으로 체중 감량을 원합니다.
모두 합당한 이유입니다.

하지만 의사로서 제가 생각하는 '체중 감량의 진정한 목적'은 바로 '좋은 생활습관과 건강
을 되찾는 것'입니다. 체중을 감량하는 과정에서 잘못된 생활습관을 고치고, 이를 통해 건
강을 찾는 것이 목적이 되어야 할 것입니다. 어떻게 보면 체중 감량은 학습 과정인 셈입니
다. 이처럼 체중 감량 과정에서 잘못된 생활습관을 고치고, 이를 통해 신체와 정신의 건강
을 함께 되찾아 스스로 체중을 조절할 수 있는 능력을 기르는 것이 바로 비만 치료의 핵심
입니다.

그 밖에도 환자를 치료하는 과정에서 중요한 요소로, 저는 환자 의사 사이의 '공감'을 들고 싶습니다. 식이 조절과 운동은 흔히 말하는 '생활습관'을 교정하는 방법인데, 이 문제에 대해 의사가 구체적으로 이야기해주지 않으면 장기간에 걸쳐 체중 감량을 하기가 어렵습니다. 환자마다 무절제하게 음식을 먹게 되는 이유와 원인이 각기 다르고, 또 많이 먹는 음식의 종류도 달라서 환자에게 단순히 음식을 제한하라고만 요구한다면, 이런 시도는 '공감' 부족으로 실패하게 마련입니다. 또한, 환자가 놓여 있는 개별적인 상황을 고려해야 합니다. 과중한 업무로 매일 집에 늦게 들어오는 환자에게 헬스장에 가서 운동하라고 하고 환자가 이 권유를 따르지 않았다고 훈계한다면, 결국 그 환자는 의사에게서 아무런 도움도 받을 수가 없습니다. 오히려 상처받을 수도 있죠. 환자에게 필요한 것은 각자의 개별적인 상황에 적합한 치료입니다. 이런 사항을 고려하지 않는다면, 비만 치료는 약물에만 의지하게 하거나 흔한 운동과 식이 요법만을 처방해서 환자에게 '풀지 못할 숙제'를 남겨준 채 끝나게 됩니다. 그러다 보면 의지가 강하고 유리한 환경 요소를 갖춘 사람은 체중 감량에 성공할 수 있으나 그 밖의 대부분 환자는 비만 치료에 거부감이 생기는 결과를 낳을 수 있습니다. 따라서 비만 치료의 핵심은 '공감'에 바탕을 둔 '개별화된 접근과 치료'입니다. 의사는 환자의 생활 깊숙이 개입하는 자세가 필요합니다.

제가 돌보았던 어느 환자의 예를 들어보죠. 이 25세 여성 환자는 외국에서 영어를 공부한 경험을 살려 어학원에서 강사로 일하고 있었으나 스트레스와 불균형한 식이, 음주로 120kg이 훨씬 넘는 체중 때문에 고민하고 있었습니다. 그래서 저는 우선 이 환자의 잘못된 생활습관을 파악하기 위해 식사와 운동 일지를 작성하도록 하고, 심혈 관계 위험성을 알아보기 위해 혈액 검사와 체성분 분석, 그리고 복부 지방 CT 촬영을 했습니다. 그런 다음, 외래에서 검사 결과를 확인해보니 이미 당뇨 전 단계에 혈압도 높고, 이상지질혈증도

있었습니다. 젊은 나이에 대사증후군이 있었던 것입니다. 식사 일지를 보니 이 연령대가 좋아하는 빵, 피자, 햄버거, 삼겹살 등을 즐겨 먹는다는 사실을 확인할 수 있었습니다. 그래서 우선 이런 음식을 제한하고, 에너지 밀도가 낮은 당근, 고구마, 토마토 등을 먹게 했습니다. 그리고 식이 습관은 단시간에 바뀌지 않기 때문에 지방 흡수 억제제를 종합비타민제와 함께 투여했습니다. 다행히 당시에는 이 환자가 취업 준비 중이어서 운동할 시간이 있었기에 우선 부담이 적은 '동네 한 바퀴 걷기'를 매일 30분에서 1시간 정도 하도록 권유했습니다. 그러나 환자가 자신의 체형에 대한 불만으로 낮에 밖에 나가기를 싫어했기에 이른 새벽과 저녁 시간에 운동하도록 했습니다. 다행히도 환자의 어머니가 딸의 다이어트에 관심이 많아 음식 선택과 조절에 큰 도움이 되었습니다.

2주에 한 번씩 만나 환자의 식이와 운동, 약물 복용 상태를 점검해보니 두 달 만에 효과를 보기 시작해서 3개월 정도 지나자 체중이 100kg 초반으로 감소했습니다. 이와 더불어 혈압과 혈당 콜레스테롤 지표들도 정상에 가깝게 좋아졌습니다. 하지만 6개월이 채 되기 전에 체중이 더는 감소하지 않고, 오히려 다시 증가하고 있었습니다. 식사량은 그다지 늘지 않았는데, 운동량이 많이 부족했던 것입니다. 알고 보니 새 직장에 나가면서 새벽에 출근해서 밤에 돌아오니 전처럼 운동할 시간도 없었고, 먹는 것도 유혹이 많은 환경으로 바뀌면서 외식이 잦아졌고 달거나 기름진 음식을 먹을 기회도 많아졌던 것입니다. 저와 치료 관계는 계속되었지만, 살찌는 음식을 먹고는 식사 일지에 적지 않는 경우도 생겼습니다. 저는 이런 상태에서는 원론적인 이야기가 더는 도움이 되지 않는다고 판단하여 더욱 깊이 있고 상세한 면담을 진행했습니다. 그리고 환자의 현재 상황에 맞게 운동과 식이를 바꾸었습니다. 예를 들어 출근 시간이 이르기 때문에 회사 근처에서 남는 시간과 점심 시간을 활용해서 하루 걷기 1시간을 채울 수 있게 했습니다. 또한 점심은 되도록 어머니가 만든 도시락을 먹도록 했고, 회식 때에는 주로 단백질 위주로 적은 양을 먹도록 권유했습니다. 특히 주말에는 늦잠을 자는 것이 신체의 항상성을 무너뜨릴 수 있으므로 수면 시간이 8시간을 넘지 않도록 하되, 낮에는 되도록 밖에 나와 햇빛을 받으며 걷게 했습니다.

이후에 이 환자는 체중을 조금씩 더 감량하여 목표했던 90kg대를 유지하고 있습니다. 물론 본인이 원했던 대로 70kg까지 줄이지는 못했지만, 일단 이 체중을 1년간 유지하도록 하고, 나중에 더 감량하기로 했습니다. 어떤 사람은 여성의 체중이 90kg이라면 아직 빼야 할 살이 많다고 생각할지도 모르겠지만, 비만 치료는 마라톤처럼 길게 내다보고 생활습관을 바꾸는 과정이라는 사실을 명심해야 합니다.

이처럼 체중 감량에 성공하려면 의사의 구체적인 개입과 관심, 그리고 환자에 대한 이해가 필요합니다. 비만을 치료하는 곳은 많지만, 제대로 된 치료를 하는 곳은 많지 않은 것 같습니다. 사실, 환자를 면담하고 상담하는 데에는 오랜 시간이 필요하기에 의사가 충분히 시간을 할애해서 환자 각자에게 적합한 치료 방법을 변별적으로 찾아내고 적용하기가 어려울 수도 있습니다. 하지만 모든 치료가 그렇듯이 의사와 환자가 노력과 시간을 함께 투자하면 더 좋은 결과를 기대할 수 있습니다. 미국에서는 이처럼 의사가 비만 환자의 인지행동을 치료할 때 수가를 지급하는 등 국가적인 차원에서 지원하고 있습니다. 그만큼 비만 치료에 정신적 요소가 중요하다는 뜻이겠죠.

비만은 결함이 아닙니다. 단지 질병일 뿐입니다. 스스로 음식을 조절하기 어렵거나 체중 감량에 여러 차례 실패한 적이 있는 사람은 의사의 진료를 받으시기 바랍니다. 장기적인 목표를 세우고 명확한 목적을 가지고 시작하되, 구체적인 치료 계획을 의사와 상의한다면 더 좋은 결과가 당신을 기다릴 것입니다.

저자 올리비아 아지몽(Olivia Hagimont)

1982년 프랑스 파리에서 태어났다. 미술학교를 졸업하고 샤르동 사바르(Chardon Savard) 아틀리에에서 스타일리스트 자격증을 받아 여성복 브랜드를 론칭하기도 했다. 이후 화가, 만화가로 활동하면서 잡지와 일간지에 작품을 소개하고 있으며 2008년부터 시작한 인터넷 블로그가 큰 인기를 끌었다. 2012년 출간한 첫 책 『올리비아의 공황장애 탈출기』는 서점가에서 큰 반향을 일으켰다.

저자 크리스토프 앙드레(Christophe André)

프랑스 최고의 정신과 전문의이자 심리치료사이다. 그는 십수 년간 정신과 전문의로 활동하면서 수많은 심리학 관련 책을 집필했다. 학술적인 면에 충실하면서도 매우 실용적이라고 평가받고 있는 그의 저서들은 프랑스뿐 아니라 해외 여러 나라에서도 많은 사랑을 받고 있다. 그는 자신의 경험담과 다양한 심리학 연구 사례는 물론, 시나 소설 등에서 발췌한 내용, 철학자들의 사상 등을 인용하여 능란하게 이야기를 풀어나간다. 따스하고 친근한 어조로 풀어낸 그의 이야기는 일상에서 마음을 다스리고, 행복을 찾는 열쇠를 제공한다. 그가 집필한 저서로는 『화내도 괜찮아 울어도 괜찮아 모두 다 괜찮아』, 『나라서 참 다행이다』, 『두려움의 심리』, 『행복의 단상』 등이 있으며, 올리비아 아지몽과 함께 쓴 『올리비아의 공황장애 탈출기』, 프랑수아 를로르와 함께 쓴 『자기 평가』, 『내 감정 사용법』, 『튀는 성격 여려운 성격 까다로운 성격』 및 파트릭 레주롱과 함께 쓴 『타인의 두려움』 등이 있다.

해설 김양현

고려대학교 의과대학을 졸업하고 동 대학원에서 석사와 박사 학위를 받았다. 현재 고려대학교 안암병원 가정의학과 임상조교수로 있으며, 대한가정의학과 특임이사, 대한비만의학회 총무이사 등을 맡고 있다.

번역 유진원

프랑스 리모주 대학에서 불문학 석사학위를 받았고 현재 출판·번역 기획자로 일하고 있다. 『모파상 단편집』 열다섯 권의 번역·출간을 준비하고 있으며 우리말로 옮긴 책으로 『올리비아의 공황장애 탈출기』, 『샤를 페로 동화집』, 마리보의 『논쟁 —사랑으로 세련되어진 아를르캥』이 있다.

올리비아의 비만장애 탈출기

1판 1쇄 발행일 2015년 1월 25일
지은이 | 올리비아 아지몽 · 크리스토프 앙드레
옮긴이 | 유진원
펴낸이 | 임왕준
편집인 | 김문영
펴낸곳 | 이숲
등록 | 2008년 3월 28일 제301-2008-086호
주소 | 서울시 중구 장충단로 8가길 2-1
전화 | 2235-5580
팩스 | 6442-5581
홈페이지 | http://www.esoope.com
블로그 | http://esoope.blog.me
Email | esoopbook@daum.net
ISBN | 978-11-85967-09-7 17180
ⓒ 이숲, 2015, printed in Korea.

▶ 이 도서의 국립중앙도서관 출판예정도서목록(CIP)은 서지정보유통지원시스템 홈페이지(http://seoji.nl.go.kr)와
국가자료공동목록시스템(http://www.nl.go.kr/kolisnet)에서 이용하실 수 있습니다. (CIP제어번호 : CIP2015000746)